每一天，都是全新的時刻
用創造預想畫面探索內在的自己，得到生命中所真心渴望的

Creative Visualization
Use the Power of Your Imagination to Create What You Want in Your Life

作者　夏克蒂・高文（Shakti Gawain）
譯者　陳韋儒

遠流出版公司

目次

PART 2 Using

第二部分：運用

推薦序一

楊聰財

楊聰才身心診所 院長
國防醫學院兼任副教授
財團法人天主教耕莘醫院精神科主任級醫師

很高興接到遠流出版社的邀請，為這本好書：《每一天，都是全新的時刻》寫推薦序。我將以「精神醫學＋腦科學」的專業雙重觀點，試圖導讀內文精髓。

此書作者夏克蒂・高文（Shakti Gawain），一九四八年生；在她三十歲、所謂「三十而立」之時，出版了這本書。此書自一九七八年問世以來，全球翻譯超過三十餘國，超過三十五年仍暢銷不墜，並有超過一千萬人見證。

以精神醫學專業觀點而言，我會說作者是以「認知行為治療」的原則，來引導讀者正確而且正面地經營自己的人生。

先談「認知治療」的部份：「創造預想畫面」本質便是作者希望大家能採取 Top Down（由上而下）的策略，從身體的總裁（CEO），也就是大腦，先建立起積極的觀念與態度去看待日常生活。創造預想畫面是一種方法，也就是運用你的想像力，創造出自己生命中想要的東西。創造預想畫面完全沒有任何特別或稀奇古怪的地方，因為你每天都在使用創造預想畫面，更精確地說，其實是每一分鐘。它就是你與生俱來的想像力，即這個宇宙最基本的創造能量，你其實很常用到它，不論你當下是否有所意識（詳見內文第二十九頁）。

另外作者強調：光有正面思想是無法改變你的人生，還需要使用「創造預想畫面」，發現與找出阻礙自己去追求生命中的滿足和成就的恐懼心理和一些潛在的信念，並且讓這些問題的癥結與狹隘的心態，在創造預想畫面的過程中逐一消失，從而釋出更多空間。以腦科學觀點來解讀，作者是希望藉由此書的內容，不但建立正確觀念、並可據以力行，使負責「創造預想畫面」的前額葉皮質來的訊號，可以讓紋狀體中維持高活動力；紋狀體是大腦中產生報酬、獎賞一個關鍵的地方，所以它的活化會帶來正向的展望。鼓勵讀者可以先好好研讀「第一部分：基礎原則」以及「第二部分：運用」。在此特別建議讀者多讀並體會「我是（誰），我（要）做（什麼），我（想）擁有（什麼）」（詳見內文第八十五頁），以及強化「創造預想畫面」成功的三個必備條件：渴望、相信、接受（詳見內文第八十八頁）。

再談「行為治療」。作者在「第三部分：練習」與「第四部分：特殊方法」中，教導讀者很多有趣的方法來做好「創造預想畫面」的練習，例如，運用「粉紅泡泡理論」做好冥想練習（詳見內文第一四〇頁）。其實作者不僅在第三、四部分提供「祕訣」，而是很務實、具體地在書中依據內容需要，條列出很棒的建議；例如在書中第五十四頁便提到「四個基礎步驟，教你有效運用創造預想畫面」：一、訂定目標，二、創造清楚的構想或圖像，三、經常專注於你的目標，四、注入正面能量，由此便可以知道作者並不只是「形而上」的說道理，反倒是處處用心、提綱挈領，提供具體步驟給大家運用。

作者也真的很有企圖：當你能夠接受以上第一、第二部分，並且能確實執行第三、第四部分之後，夏克蒂・高文冀望能更提升你我的人生高度，所以分享了「第五部分：讓生命充滿創造力」。個人真的很愛書尾的這句話，在此寫出，與大家共享：「你的人生就是你的藝術品」。

推薦序二

莊凱廸

中華民國生命教練協會理事長
Dr. Soul 心靈志業創辦人

好喜歡本書作者寫的這句話：「你的人生就是你的藝術品！」沒錯，生命正是等待我們去創造出來的藝術品，而人生的美麗與幸福，都正等著我們去尋覓與創造。

藝術家在創作藝術品之前，都會先在心裡面腦海中預想整個藝術品的樣貌與架構，然後才一步步把這個藝術品實現出來。我們的生命也是一樣，生命這個藝術品也需要內心先去預想與規劃，然後才能夠一步步在人生當中展現出來。

投身於創作的藝術家一定可以體會到，每一個心念與想法都擁有絕大的能量，可以爆發出驚天動地的作品。當這個由內心凝結出來的藝術作品呈現出來時，在許多人的內心就會激發起陣陣的感動。透過藝術的創作，藝術家將自己內心的感受化為外在的作品，然後這個作品又去影響到更多人的內心感受。所以對真正的藝術家來說，內心的宇宙與整個外在的宇宙是相連相通的，能量不斷強烈地在這兩個世界中來回激盪。外在作品不斷創造出來，而內在的心靈也同時不斷提升，這就是藝術。生命這個藝術品也是一樣，我們在這個物質世界中活出的人生，是內心的呈現。人生這個藝術創作，源自我們的內心。

　　生命的能量是藝術的能量，也是愛的能量，愛與美在這個能量中結合為一。請靜下心來體會這能量，然後照著本書所提供的方法，運用內在的預想畫面，讓這份生命的能量，帶給人生真正的歡樂與幸福。這本寫作翻譯俱佳的書真是個藝術品，希望它能幫您把人生轉化為最美麗的藝術創作。

前言

我第一次認識本書作者夏克蒂・高文（Shakti Gawain），是在一九七四年的加州柏克萊，那時我們都正值二十幾歲。夏克蒂剛結束兩年長途跋涉的世界旅行，足跡橫跨了歐、亞兩洲各地。她在印度待了幾個月的時間，而當地的經歷對她影響尤其深刻。我們很快就發現彼此有很多共同點，包括潛心致力於探索個人發展，對融合東、西方精神與心理層面的智慧深感著迷，以及強烈渴望自己能為世界帶來正向的改變。

在一九七七年，我們一起合著並出版了一本名為《重聚：改變的方法》（Reunion: Tools of Transformation）的小書。當時我們沒有資金，也幾乎沒有賣書經驗，但是我們踏出的每一小步，都讓下一步變得更清楚明瞭。現在回過頭看，就像是冥冥之中有一股力量在引領我們前進一般。

在一九七八年，夏克蒂寫了她的第一本書《每一天，都是全新的時刻》（Creative Visualization）。最初我們印了兩千冊，而且必須借錢才能支付印製費用。我不記得我們有沒有花錢做行銷，也沒有印象送過任何人試閱。但是單純透過口耳相傳的方式，第一刷很快就被搶購一空。書店老闆不斷跟我們說，顧客進來店裡買一本回去，幾天後便回來五本、十本地買，說要分送給親朋好友。一開始這本書真的是自己賣起來的——我很確定這是因為夏克蒂簡潔美麗的文字，以及書中具體實用的內容。這是那種讀者會想一讀再讀的書，你會想把它收納在特別的地方，珍藏書中讓人受用一輩子的知識。它是那種少數可遇不可求、能夠幫助人在生命中帶來美好改變的書。

這本書問世後不久，我們便開始收到溫馨感人的讀者來函。每一封信都有一個故事。故事一個接著一個開始蜂擁寄來。其中有一封信，娓娓道出了很多讀者的共同感受：

我讀過的心靈勵志書籍都給我同一種的感覺，總覺得好像是被人用手指著說：『事情就是這麼一回事！』但是夏克蒂會牽著我的手，帶領我進入一座美麗的花園，然後遞給我一束鮮花，一步一步慢慢走。一切是那麼的安靜、輕柔又充滿關懷。謝謝妳，這是一本很美麗的書。

這本書目前的銷量已經超過千萬冊，還有至少數百萬冊翻譯成三十五種語言，流通世界各地。這本書的影響力遍及全球，已經成為不爭的事實。它開啟了夏克蒂的職業生涯，晉身為享譽國際且備受歡迎的演說家兼研討會主持人，也讓我踏上了出版業一途。這本書教會了我們兩個人如何去預想和創造出成功的人生，我打從心底感謝夏克蒂對寫下這本書的遠見與勇氣。

我誠摯地希望，也祈求，《每一天，都是全新的時刻》可以幫你創造出自己真心想要的人生，讓你真正感到圓滿、富足、健康，並充滿創造的能量。它曾經為無數人創造了更好的生活品質，而這本書現在就在你的手中。

馬克·艾倫

修訂版序言

我真的很難相信，距離本書首次出版已經過了這麼多年。

當時我三十歲，還在尋找自己畢生想要投身的志業。許多年來，我一直積極主動求知，並努力探索東方哲理和西方心理學，企圖找出自己來到這個世界的深層意義和目的。我學到某些觀念和技巧，事實上，這些觀念和技巧也深深影響我自己的感知意識和生活方式。

我是那種一旦發現什麼有意義的東西，就忍不住想要跟每個願意聽的人分享的人。因此，我自然而然開始提供他人建議、帶領小型團體和工作坊，分享各種觀念和練習，因為這些觀念和練習都曾經幫助過我解決個人問題，並拓展自我意識。

我突然靈機一動，想到也許可以將這些觀念和方法寫成一本書，大家便可以隨時翻閱。我一邊寫書，一邊在充滿創造力的熱情與自我懷疑之間起伏擺盪，心裡想著：「我到底憑著什麼出書，教人追求生命中更多的快樂和滿足？我絕對稱不上是專家，我的人生並不完美。」

我的朋友馬克・艾倫幫助我渡過了這些難關。他鼓勵我什麼都別擔心，只要專注於眼前的寫作。我們決定自己出版這本書，儘管我們對出版業所知甚少，手上的資金更是寥寥無幾。但不知怎麼，我們終究順利完成了這本書，並且在一些書店販售。

剩下來的就是話當年了。這本書似乎很受到讀者喜愛，透過口耳相傳一本本地賣。接下來的幾年，它漸漸躋進暢銷書的行列，直到今天還是膾炙人口，流通於世界各個角落。我想這本書之所以這麼受歡迎，是因為它篇幅短、文字簡單又切合實際，還有，書中提供的方法，讀者不僅可以隨時開始運用，效果也十分顯著。

令人感到萬分欣慰的是，我收到上千封的讀者來函，人們告訴我這本書如何幫助他們解決特定問題，有時候甚至是事關重大的問題。我很高興自己有機會以這種方式為大家盡一份心力。

隨著這本書問世，我的事業生涯也開始發展。這麼多年來，我一直在世界各地帶領工作坊，同時寫作並出版其他著作。這本書幫助我找到了自己人生的道路，就如同它也幫助過無數的讀者一樣。

在這次的修訂版中，我做的更動並不多，目的只是要闡明某些觀點、深化某些概念，並在整體上做一次更新。

假如你已經熟讀初版的內容，我希望你喜歡這次新增的修訂。假如這是你第一次接觸這本書，希望它能助你一臂之力，早日夢想成真。

夏克蒂．高文

給讀者的話

親愛的朋友：

我決定寫下這本書，是因為這是我能想到最好的方式，與你們一起分享我所學到的美妙事物，它們讓我擁有更開闊的視野，也讓我更懂得體驗人生。

無論如何，我都不認為自己是創造預想畫面這方面的專家。我是修習這個領域的學習者，而且當我學得越多，運用得也越多後，我就越能發現創造預想畫面它浩瀚無窮的潛力……它真的就和我們的想像力一樣，擁有豐富的各種創造性。

這本書是學習和使用創造預想畫面來探索自我的入門導讀兼練習本。書中大部份的概念並不是我的原創；它是一本集各家大成之作，囊括各種我個人學過最實際且有用的觀念和方法。

這本書包含各種不同的技巧。你可能會發現，不勉強自己一次全盤吸收，循序漸進的效果最好。我建議每個人放慢閱讀的速度，一邊讀一邊嘗試做其中一些練習，讓自己有機會可以好好吸收。或是有人喜歡一口氣讀完，再回頭慢慢重新品味一遍也可以。

這本書是我送給你的一份愛的禮物，希望它能帶給你祝福，也希望能為你的人生帶來越來越多快樂、滿足和美好。

為人生乾杯！

夏克蒂上

Part I

BASICS

第一部分

基本概念

生命中的每一刻都充滿各種的創造性，
而宇宙也是無限的豐饒和富庶。
只要說出一個清晰明確的心願，
你真心嚮往的一切就會來到你的身邊。

什麼是創造預想畫面？

人生的缺憾、限制、困難和問題，都是我們為自己創造出來的。

創造預想畫面是一種方法，也就是運用你的想像力，創造出自己生命中想要的東西。創造預想畫面完全沒有任何特異或稀奇古怪之處，因為你每天都在使用創造預想畫面，更精確地說，其實是每一分鐘。它就是你與生俱來的想像力，也可說是這個宇宙最基本的創造能量，你其實很常用到它，不論你當下是否有所意識。

在過去，我們很多人都在不知不覺中使用了創造預想畫面的力量。但由於因為我們對生命有太多根深蒂固的負面觀念，所以我們會自動而且不自覺地，去預期並想像自己的人生注定會充滿缺憾、限制、困難和問題。在某個程度上而言，那些都是我們為自己創造出來的。

這本書要教你越來越有自覺地去運用自己與生俱來的創造想像力，並透過這種方法創造自己真正想要的東西，例如愛、滿足感、快樂、令人滿意的關係、報酬豐富的工作、自我表達、健康、美貌、財富、內在平靜與和諧等……任何你真心渴望得到的東西。創造預想畫面給了我們一把鑰匙，讓我們有機會窺見生命中自然的美好與富足。

✿

想像力就是創造某一個想法、某一幅心靈圖像或某個事物的感知能力。在創造預想畫面的過程中，你會運用想像力，針對自己希望實現的東西，創造一個清楚的圖象、想法或感覺。接著，你讓自己經常專注於這個想法、感覺或圖像，並注入正面能量，直到你的想像變成客觀上存在的事實……也就是說，直到你的想像真正實現的那一天。

你的目標可以放在任何層面，包括生理、情感、心理或精神上。你可能會想像自己買了新房子、換了新工作、擁有一段令人滿意的伴侶關係、感到平靜與祥和，或記憶和學習能力增強等等。你也可以想像自己游刃有餘地處理某個棘手的情況，或單純想像自己是個散發光芒的個體，充滿生命能量。你可以針對人生的任何面向做努力，而且一切都會看到成果……透過經驗，你會摸索出對自己最有效的特定圖像和技巧。

例如說，假設你對目前的工作現況感到不滿。如果你認為這個工作基本上沒什麼不好，但有些地方仍有待改善，你就可以想像改善後的情景是怎麼樣。如果這沒有用，或是你覺得你比較想換個新工作，那就專注於想像你希望換成什麼樣的工作環境。

不論是哪種方法，技巧基本上都一樣。先放鬆，進入深沉、安靜和冥想的狀態，然後想像自己正在從事理想中的工作。想像自己就在喜歡的真實場景或環境中，做著自己開心且滿意的工作，那裡人與人之間的互動和諧，而且自己也獲得賞識以及合理的報酬。加入任何你認為重要的細節，例如工作的時數，工作自主性的高低，以及（或是）責任的輕重等。試著去感受這是有可能實現；而且當成它已經發生般去體驗。簡單說，想像出自己確切想要的工作情景，就像這已經實現了一樣！

多多重覆這個簡單的練習，或許一天兩次，或任何你想到的時候。如果你想要改變的渴望和意圖都很明顯，有很大的可能，你會發現自己的工作正在經歷某種轉變，而且就在不久之後。

需要注意的是，這個方法不能用來「控制」別人的行為，或強迫別人去做違背意志的事情。它的效果在於消解我們自己的心理障礙，達成和自然的和諧與自我實現，讓每個人活出自己最積極正向的一面。

✿

運用創造預想畫面不是非得要相信某種超自然或精神力量，雖然你可能會願意相信某些信念。你不必要求自己「相信」自身以外的任何力量。

你唯一需要的是對增進知識和閱歷的渴望，還有一顆開闊的心，積極嘗試新的事物。仔細閱讀各種法則，敞開心胸去體驗，然後由自己來判斷這些方法是否有效。

如果有效，那就繼續使用與延伸，不久之後，你自己身上或生活中所發生的轉變，或許會超乎原本的想像……

「創造預想畫面」這幾個字的真諦就是魔法。這之中包含瞭解並讓自己融入宇宙萬物運行的自然法則，並且學習以最有意識和創造力的方式靈活運用。

如果你從沒看過一朵美麗的花或一場絢麗的夕陽，有人向你描述它們的樣子，你或許會覺得真有如奇蹟一般（事實也是如此！）。而一旦你有一些親身經驗後，也開始體認到其中的自然法則，你便會開始瞭解萬物形成的道理，這些事對你而言便顯得自然平常，不再特別神祕了。

創造預想畫面的過程也是相同道理。對於我們那一直都以理性來思維的大腦（而且接受的教育非常侷限）而言，那些最初看似驚異或不可能的事情，一旦經認識與學習其中隱含的道理，一切就會變得非常容易理解。

一旦付諸實行，你會感覺像是在創造人生中的奇蹟一般，……而且你也一定做得到！

創造預想畫面如何運作？

我們會吸引到生命當中的，永遠是那些自己最常想到的、最深信不疑的、最殷切渴望的，或是想像過最具體的東西。

為了瞭解創造預想畫面的運作方式，我們要先認識幾個彼此相關原理。

宇宙就是能量

科學界現在已發現這個形上學和心靈老師幾百年前就已經知道的事。我們的宇宙，並不完全是由「物質」所組成；宇宙的基本成分，是一種我們稱之為「能量」的動能或精華。

我們平常以身體感官去感知外界，在這個層面上，每個東西看起來好像都有固定的形體且彼此獨立。然而，從原子或次原子等更精細的角度觀之，看起來是實體的物質，其實是在眾多粒子中有更多更小的粒子，越拆解越小，最後就變成純粹的能量。

就物理上而言，我們全部都是一種能量。我們本身和周遭的事物都是由能量所構成，萬物都是同一個巨大能量力場的一部分。我們肉眼看到實質且獨立的物體，其實皆源於我們全都具有的核心能量，只不過是以各種形式顯現於外而已。萬物都是一體的，即使是就實體上、物理上而言也是如此。

能量震動的頻率不同，就會在精細度和密度上展現不同的特質。思想是相對精緻、輕巧的能量形式，因此很容易也很輕易就能改變。物質是相對密度較高且堅實的能量，因此移動或改變的速度就比較慢。物質本身也分成很多種類，生物就相對細緻、變動性高，且容易受外界影響。而像石頭的密度就高得多、變動性低，且較不易受到外界影響。不過，即使是一顆石頭，最終還是會受到其他的影響和改變，好比說流水細微、輕巧的能量。所有的能量形式不僅環環相扣，也息息相關。

能量是有磁力的

能量的其中一個運作法則是：擁有某個特定特質或震動頻率的能量，通常也傾向吸引擁有相同特質和頻率的能量。

思考和感覺都有自己的能量磁力，能吸引到本質相似的能量。我們可以在現實生活中應驗這個法則，舉例來說，我們會「碰巧」撞見自己剛才心裡一直在想的人，或是「碰巧」隨手翻開一本書，就在書上找到自己需要的資料。

形體隨著概念誕生

思想是一種快速、輕盈且流動的能量形式，它能馬上顯現出來，不像其他密度較高的能量形式，例如實體物質。

在我們創造某個東西之前，通常會先在心中將之創造出來。我們一定會先有一個想法或概念，接著才是具體的實現。例如，「我想來準備晚餐」這樣的想法會先出現，然後你才會動手做晚餐；「我想買新衣服」的想法會先出現，接著你才出門購物；「我需要一份工作」的想法會先出現，接著你才開始找工作等等。

藝術家會先有一個想法或靈感，才創造出一幅圖畫。建築師會先有一個設計靈感，才蓋出一棟房子。

概念或想法就像是一幅藍圖；它先在我們心中創造出一個圖像，接著像磁鐵般吸引和引導物質能量注入這個形體當中，最後在物質世界中具體顯現出來。

即使我們沒有將內在想法直接轉換成外在行動，這個法則依然成立。你只要有一個想法或概念，並將之放在心中，就已經是一種能量，它會吸引並創造出自身在物質世界中對應的形貌。如果你老是想著生病，最後就可能真的會生病；如果你相信自己很漂亮，你就會真的變漂亮。那些我們不自覺的潛在想法和感覺，也都是以這種法則在運作。

輻散和吸引力法則

這個法則是這樣運作的：你給予宇宙什麼，宇宙就會回應你什麼，正是所謂「種瓜得瓜，種豆得豆」。

以現實的角度來看，意思就是我們會吸引到生命當中的，永遠是那些自己最常想到的、最深信不疑的、最殷切渴望的，或是想像過最具體的東西。

在我們悲觀且害怕、充滿不安全感或焦慮的時候，偏偏就正會吸引到自己最想避開的人事物。反之，假如我們基本上保持心態的樂觀，期待並預見愉悅、滿足和快樂，往往就能吸引和創造符合自己樂觀期待的人物、情況和事件。因此，有意識地去想像自己想要的東西，將有助於我們早日實現自己的夢想。

使用的目的

使用創造預想畫面的過程中，也是一次深度且有意義的自我成長。

要能夠真正為我們人生帶來改變的，不是在表面上有「正向思考」就夠了。改變的過程中更得包含探索、發覺和改變自己最深層、最基本的生命態度。這就是為什麼在學習使用創造預想畫面的過程中，往往也會是一次深度且有意義的自我成長。在預想的過程中，我們經常會發現，那些阻礙自己前進的模式，會透過恐懼的心理和一些潛在的信念，阻擋自己追求生命中的滿足和成就。一旦你看出問題的癥結，這些狹隘的心態，通常都會在創造預想畫面的過程中逐一消失，從而釋出更多空間，讓我們去追尋與活出生命的自然狀態，獲得更多快樂、更有成就，以及得到更多愛。

一開始，你會在特定時間或為了特定目標而練習創造預想畫面。當你漸漸習慣去加以運用，並開始相信這能真的為你帶來成果時，你就會發現它已經內化成為自己思考過程的一部分，成為一種持續的意識狀態，這個時候你也會清楚知道，自己的人生永遠是自己創造出來的。

此即為創造預想畫面的終極意義——讓生命中的每一刻，都變成美好的創造時刻，我們要做的僅是自然地選擇自己想像中最好、最快樂、最滿足的人生。

簡易練習

生命中的每一刻，都會是美好的創造時刻

現在我要教你一個創造預想畫面的基本練習。

首先，心裡想著某個你想得到的東西。在這個練習中，請選擇一個簡單、你可以很容易想像自己實現得到的目標。它可以是某個你想要的物品、你希望發生的事件、想要身處其中的情境，或人生中希望改善之處。

在一個安靜且不會受到打擾的地方，找一個舒服的姿勢，坐著或躺者都可以。讓你的身體完全放鬆，從腳趾開始，慢慢往上到頭頂，想像依序放鬆身上每一吋肌肉，釋放身上所有的緊繃感覺。以腹式呼吸，做深沉且緩慢的呼吸，慢慢從十倒數回一，每數一下都感

覺自己變得更深沉地放鬆。

在你覺得自己已經完全放鬆時，開始按照你希望的方式想像自己想要的東西。假如是一個物品，就想像你已經得到它，並開始使用、欣賞、享受，以及展示給朋友看的畫面。假如是一個情境或事件，就想像你身處其中，事情都依照自己的期待發生，你可以想像裡面的人物說了哪些話，或任何讓一切看起來更真實的細節。

你可能只需要一點時間，也可能需要多幾分鐘來想像——跟著感覺走即可。要很開心！這整個過程都應該是非常愉快的經驗，就像小朋友做白日夢，一心念著要拿到自己想要的生日禮物一樣。

現在，繼續將你的想法或圖像放在心中，對自己說一些非常正向且肯定的精神喊話（大聲朗誦，或在心中默念皆可，自己喜歡就好），好比說：

我現在在青山綠水間享受美好的週末時光，真是個多麼愜意的假期啊！

或是

我很喜歡自己這個寬敞的新公寓，看出去的視野真棒。

或是

我正在學習關愛和接納原本的我。

這些正面的肯定話語，又稱為肯定宣言，是創造預想畫面不可或缺的一部分，我稍後會再詳細說明。

如果你願意的話，也可以使用下面這則肯定宣言為每一次預想做收尾：

這件事，或另一件更好的事，
現在以讓人完全滿意且和諧的方式，
實現在我的生命中，

讓所有人得到最大的幸福。

這個肯定宣言能為你保留一些彈性的空間，讓那些不同的、比原先想像還要好的事情有機會發生；同時它也可以提醒你，創造預想畫面運作的前提，必須建立在所有人的互惠互利上。

如果有疑慮或矛盾的想法產生，也不要急著去抗拒或試圖壓抑，這麼做反而會賦予它們原來所沒有的力量。你只要讓這些思緒流過你的意識，承認它們的存在，然後重新專注於自己的肯定宣言和心中圖像。

只要你還很享受這個過程，或者仍興致盎然，就繼續做下去，五分鐘或半小時都可以。每天反覆練習，或盡可能常常多做幾次。

如你所見，創造預想畫面的基本過程相當簡單。但是要讓它真正發揮效果，通常還需要對它有一定程度的瞭解和練習。

Alpha 波層的效果遠優於較活躍的 Beta 波層。這對我們達成目標的實際意義就是，如果你學會深沉放鬆以及創造預想畫面的使用方法，或許就能為生命帶來真正的改變，效果遠比你去思索、擔心、計畫和嘗試去操控事物或他人更好。

如果你已經有一套自己習慣的方式，能夠幫自己深度放鬆或進入安靜的冥想狀態，無論如何請好好加以利用。反之，你可以繼續使用前一章提過的方法——緩慢且深沉地呼吸，從腳到頭放鬆身體每一吋肌肉，並慢慢從十倒數回一。如果你覺得自己的身體很難放鬆，不妨試試瑜珈、靜坐冥想或紓解一下壓力，從中抓到一些訣竅，在這方面多少會有助益。當然，這些活動還有另一個附加的優點，你會發現深沉放輕鬆對健康只是有益無壞，無論是在心理、情感或生理上都是。

晚上睡覺前或早上醒來後這兩個時段，尤其是創造預想畫面的黃金時段，因為此時身心剛好都處於深沉放鬆且吸收力極佳的狀態。你可以趁躺在床上的時候練習，但是如果你很容易因此睡著，那最好坐起來靠到床角，或坐在椅子上，姿勢以自己舒服為主，挺直脊椎，保持身體平衡。挺直脊椎有助於能量順暢地流動，我們的意識也比較容易進入深沉的

要怎麼進行？

你要做的就是別再擔心，放輕鬆，接納自然發生在自己身上一切。

很多人會疑惑「預想」這個詞究竟是什麼意思。有些人在閉上眼睛試著預想時，因為無法在心中真正「看見」一幅圖像或影像而感到很擔心。有些人在第一次嘗試預想時，只覺得「什麼都沒發生」。通常來說，這都只是因為太過用力，反而限制住了自己，總是覺得一定有所謂的「標準做法」，而自己累積的經驗都不正確或不堪用。如果你剛好有這種感覺，你要做的就是別再擔心，放輕鬆，接納一切自然發生在自己身上的事。

不要執著於「預想」的字面意義上。**你不是非得在心中看見一幅圖像不可**。有些人說他們閉上眼睛想像時，可以看見非常清楚、鮮明的圖像；有些人則沒有「看見」任何東西，他們只是感知或感覺到它的存在，或僅僅只是「想著」。這兩種都沒有對錯，因為有人偏向視覺型，有人偏向聽覺型，也有人偏向體覺型。我們一直都在使用自己的想像力——你想不這麼做也很難，因此，如果自己想像的過程和別人不一樣也沒有關係。

如果你還不是很確定要如何去預想，請讀完下方每一個練習，然後閉上眼睛，看看會自然浮現出什麼：

閉上雙眼，深深地放鬆。想像自己身處在一個熟悉的空間中，好比說，房間或客廳。記住房間裡一些自己熟悉的細節，像是地毯的顏色、家具的位置、或房間的明亮度等。想像自己走進這個房間，舒服地坐在或躺在一張椅子、沙發或床上。

現在，回想前幾天發生在你身上的愉快經歷，尤其是一些極佳的感官享受，例如享用一頓美味的大餐，做一次精油按摩，或是在冰涼的泳池游泳！細節記得越詳盡越好，接著再重新回味一次這些令人愉悅的感官饗宴。

現在，想像自己身處在一個田園風景般的鄉間，你在柔軟的草地上休息，旁邊還有一條沁涼的小溪，或是漫步通過一座美麗蒼鬱的森林。它可以是某個你曾經去過的地方，或是自己想造訪的理想國度。想像其中的細節，以任何你喜歡的方式去創造這幅景象。

凡是能用來在心中創造出這些情境的過程，就是專屬於你自己的「預想」方法。創造預想畫面其實有兩種不同的模式，一種是接收模式，另一種是主動模式。在接收模式中，我們只要放輕鬆，讓圖像或影像自然出現，不必特別去精心挑選，給予什麼就接受什麼；在主動模式中，我們會有意識地選擇，而且創造自己想要看見或想像的東西。這兩種過程都是創造預想畫面很重要的一部分，你都可以透過練習來提升自己接收和主動爭取的能力。

預想過程遇到的特定困難

我們內在「沒有任何東西」可以傷害自己；
唯一會絆住自己的，
就是那股不敢正視內心感受的恐懼而已。

有時候一個人會突然無法隨心所欲去預想或想像，他*會感覺自己就是「做不到」。這種類型的瓶頸，通常都是內心的恐懼所造成的。遇到這類困難的人，只要是真心想解決這個問題，往往都可以順利克服。

*為了避免經常出現「他或她」而影響閱讀，我會輪流使用男性的「他」和女性的「她」。當然，本書中所有練習不分性別皆適用之。

通常一個人會無法使用創造預想畫面的能力，大多是因為害怕檢視內心之後，自己必須去面對某些東西，例如，害怕面對不被自己承認的感受或情緒。

舉例來說，我課堂上有一位男學員一直無法好好預想，還經常在冥想練習時打瞌睡，後來才知道原來他曾經在某次預想過程中，觸動了自己深沉的情感，他擔心萬一自己在別人面前控制不住情緒，會很沒面子。

我另一位女性客戶一開始也無法順利預想，一直到她接受治療並開始願意去正視、經歷和釋放自己從小深藏在心中的痛苦記憶，情況才獲得改善。

事實上，我們內在**沒有任何東西**可以傷害自己；唯一會絆住自己的，就是那股不敢正視內心感受的恐懼而已。

如果在預想期間，發生了什麼奇特或意料之外的事情，最好的方法就是完全正視它，讓它自然存在，並盡你所能去體會，你會發現它最終會失去任何可以傷害你的力量。我們的恐懼都源自於自己不願意面對的事物。一旦我們願意完全並深度檢視造成恐懼的根源，它就會完全失去力量。如果你感到難以負荷，一個很有效的做法是，向優秀的諮詢師或治療師求助，他們能協助你接受和表達自己的情緒和感受。如果你曾經經歷許多創傷或痛苦，這個方法尤其重要。

值得慶幸的是，預想過程中基本上很少會出現問題。一般而言，每個人天生就懂得創造預想畫面，多練習自然會熟能生巧。如果你覺得創造預想畫面很難也沒關係，或許你會覺得肯定宣言（後面章節會提到的）更簡單且更有效也說不定。

四個基礎步驟，教你有效運用創造預想畫面

目標在實現的過程中常常會改變，
這是人在蛻變和成長過程中很自然的一部分。

1. 訂定目標

選出某個你想要擁有、達成、實現或創造出來的東西，這個目標可以屬於各種層面，舉凡找工作、買房子、開始一段關係、改變自我、創造更多財富、擁有更快樂的心靈、變得更健康、變得更美、提升體能、解決家庭或團體中的問題等都可以。

首先，選擇相對有把握且可能在短期內實現的目標。這麼一來，你比較不會產生抗拒的負面心態，在學習創造預想畫面的過程中也比較容易帶來成就感。稍後，等你更加熟練時，就可以開始處理更困難、或更有挑戰性的問題。

2. 創造清楚的構想或圖像

在心中創造出一個想法、圖像或感覺，想像你真心盼望得到的事物或希望發生的情境。你應該將之視為現在的狀態，就像是它**已經**以你希望的方式存在著。現在，想像自己處於你所渴望的情境中，畫面的細節越詳盡越好。

你也不妨將心中的想像具體畫出來，製作一張藏寶地圖（細節將於稍後說明）。這個步驟不是非做不可，但是非常實用（又好玩！），你可以自行選擇是否要做。

3. 經常專注於你的目標

請常常在心中默想你的構想或圖像，不論是在安靜的冥想期間，或是在一天中不經意想起的時刻都是如此。這麼一來，它會融為你生活中的一部分，並且變得越來越接近真實。

目標要清楚明確，但心情請保持輕鬆、沒有負擔。這一點很重要，你不應太過戮力以赴，或是投入過多精力，這麼做反而會適得其反。

4.注入正面能量

專注於目標時，思考要保持正向樂觀，對自己做出強大的正面宣言：**它是存在的**；它已經找到你或正在接近你。想像自己接受或達成目標的畫面。這些正面的宣告稱做肯定宣言*。運用肯定宣言時，試著暫時拋去一絲可能的疑慮，至少在當下要堅信自己，學著去抓住那種感覺：你的願望非常真實，而且很有可能實現。

✿

繼續注入正面能量，直到達成目標或不再有動力為止。記住，目標在實現的過程中常常會改變，這是人蛻變和成長過程中很自然的一部分。因此，假如你已經失去動力，別試圖咬牙硬撐——如果你已經感到索然無味，可能就代表是時候重新檢視自己真正想要的是什麼了。

---

*肯定宣言將於稍後幾頁解釋。

如果你發現原來的目標已經改變，記得提醒自己接受這個事實。先在心中釐清，你已經不再專注於先前的目標了，然後結束舊的循環，開始新的循環。這麼做可以避免讓自己感到困惑，或覺得自己好像「失敗」了，其實你只是改變了而已。

在達到某個目標後，一定要特別告訴自己目標已經達成。常常我們已經實現自己渴望或想像已久的目標，卻渾然不覺我們已經達成了！因此，請給自己一點讚美，拍拍自己的肩膀，並記得感謝宇宙實現你的心願。

只有心存善念，才能生效

創造預想畫面的功能，
在於消弭或化解我們自己設下的障礙。

你大可不必擔心創造預想畫面的力量會被有心人士拿來利用。因為創造預想畫面的功能在於消弭或化解我們自己設下的障礙，這些障礙會阻擋宇宙和諧、豐富且充滿愛的自然流動。創造預想畫面只有在與自己的最高目標與目的方向一致，且符合全體的最大利益時，才能真正發揮效用。

假如有人企圖利用這個很有效的方法做出傷天害理或罔顧他人的事情，他或她也只不過是展現出自己對因果法則的無知而已。它的基本原理和輻散與吸引力法則相同，都是「種瓜得瓜，種豆得豆」的概念。不論你試著對別人做出什麼，最終一定會回到自己身上，這包括關愛、幫助和療癒的行為，以及負面、破壞性的舉動。當然，言下之意就是，你越常使用創造預想畫面去關愛別人，並顧及他人和自己的最高理想，就會有越多的愛、幸福和成功自然來敲門。

為了確保自己時時刻刻都意識這點，一個好的做法，就是在每一次進行創造預想畫面時加入以下這段話：

> 這件事，或另一件更好的事，
> 現在以讓人完全滿意且和諧的方式，
> 實現在我的生命中，
> 讓所有人得到最大的幸福。

舉例來說，如果你正在預想的是工作獲得升遷，與其想像在上位的某個人被開除，不如想像他或她已經找到其他更好的人生目標，或是比現在更好、更有成就感的工作。你不需要瞭解或弄清楚整件事會如何發生，也不用試著去決定什麼才是對所有人最好的處理方式；你只要假設一切都以最佳的方式在進行，然後將細節交由宇宙來處理即可。

肯定宣言

練習說出肯定宣言，我們就會開始習慣正面的思考和觀念，淘汰老舊且負面的內在雜音。

肯定宣言是創造預想畫面的重頭戲之一。肯定在這裡的意思就是「堅定地相信」。每一句肯定宣言都是一種強大、正向的宣示，表示你相信某個東西已經存在或已經是事實。這是一種讓你「堅信」自己一定會心想事成的方法。

我們大多數人其實都已經意識到，自己內心幾乎時時刻刻都有個「對話」在上演，我們的內心忙著跟自己「說話」，滔滔不絕地對人生、世界、當下的感受、遇到的困難或對他人做出評論。

我們在內心一閃而過的字句和想法都非常重要。絕大多數的時候，我們都不會意識到這種思緒的流動，但我們卻正是根據自己心裡「告訴自己的話」，去形塑現實生活中的各種經驗。我們內心的評論會影響和左右自己對週遭各種事物的感覺和認知，而且正是這些無形的思緒，會在最後吸引且創造出發生在自己人生中的一切事物。

接觸過冥想練習的人都知道，要說服這種內在的「心裡對話」安靜下來，進而聯繫更內在、更具智慧的直覺心靈並不簡單。有一個常用的冥想練習就是，要你盡可能以第三者的角度去觀察自己的內心對話。

這個練習方法是很寶貴的經驗，因為你可以透過這種方式，有意識地去察覺自己內心的想法。你會發現其中很多想法就像是被錄了下來，不斷在現實生活中播放重複的劇碼，這些都是自己很久以前培養出來的老舊「模式」，而且至今還是持續影響著自己的人生。舉例來說，我們可能會發現自己習慣採用自我打擊式的負面思考，例如，「這個我一定做不來」，或是「這永遠都不會成功」等想法。

練習說出肯定宣言，我們就會開始習慣正面的思考和觀念，漸漸淘汰迂腐、老舊且負面的內在雜音。肯定宣言擁有很強大的影響力，它能在短時間內改變我們對生命的態度和期望，進而改變自己在人生中創造出來的東西。

肯定宣言的做法有很多種，包括安靜默想、大聲念出聲音、寫在紙上，甚至唱出來或用哼的也可以。哪怕一天只花十分鐘，只要不斷重覆具有效力的肯定宣言，就足以淘汰長年累積下來的老舊思維。如果你意識到自己又開始重蹈過去負面的思考模式或心態，試著找一個肯定宣言，在當下對自己多說幾次。

舉例來說，如果你發現自己有「唉，這有什麼用，我永遠不可能成功」這樣的想法出現時，趕快告訴自己：「我有能力去創造自己人生想要的東西」，或是「我值得活得快樂又充實」。

任何正面的宣示都是肯定宣言的一種，內容可以非常籠統，也可以非常精確。世界上有無數種可能的肯定宣言，以下這些例子可以提供你參考：

每一天每一件事我都在不斷進步。

我需要的一切都在接近我，我覺得輕鬆且不費力。

我的生活充滿生命力，狀態近乎完美。

我現在就擁有自己需要的一切，足以讓我好好享受。

我是自己人生的主宰。

我的內在已經具備自己需要的一切。

最圓融的智慧就在我的心中。

我本身就是圓滿且完整的。

我愛並欣賞這個真實的自己。

我接受自己所有感受，它們都是我的一部分。

我享受愛人與被愛。

我越愛自己，就越有能力去愛人。

我現在可以自由地愛人與被愛。

我正在吸引一段美好的關係進入自己的人生中。

我和＿＿＿＿＿＿之間的關係，每天都變得更愉快且令人滿足。

我現在擁有一份令人滿意、薪水理想的工作。

我對自己的工作充滿熱忱，我的思考有創意，薪資報酬也很優渥。

我擁有源源不斷的創造能量。

我能積極地表達自我。

我享受放輕鬆和玩樂的時光。

我可以清楚且有效地與人溝通。

我現在擁有很多時間、精神、智慧和金錢去達成自己所有的心願。

我總是在對的時間出現在對的地方，順利地做對的事。

擁有我想要的一切並沒有錯！

這是一個豐饒富庶的宇宙，我們所有人都可以擁有很多。

富足可用來形容我目前的狀態。

每一天我在金錢上都變得更富裕。

我擁有越多，就能給予越多。

我給予越多，就能獲得越多，也就變得越快樂。

盡情玩樂和享受並沒有錯，我也真的樂在其中！

我現在很放鬆且專注，我有很多時間可以做很多事。

我喜歡每一件自己現在做的事。

只要活著就能讓我感到很快樂。

我很健康也很美！

我隨時準備好接受這個宇宙的慷慨恩賜！

——正輕鬆且自然地接近我。

我擁有一份理想且薪資優渥的工作。

我以絕佳的方式，為他人提供絕佳的服務。

此時此刻，我內心的光正在創造我人生的奇蹟。

整個宇宙正在聯合起來幫助我實現願望。

我已經準備好追求人生更高的目的。

我漸漸認識到自己的天命，我現在承認、接受並追隨上天給我的安排。

我要在此由衷感激上天賜予我一個健康、快樂、任我自由揮灑的人生。

關於肯定宣言的要點

對已經存在生命中的一切，
坦然接受並泰然處之，同時把握當下的每一刻。

1. **永遠將肯定宣言視為現在的事實，而非未來的願望。**在你說出自己的渴望時，要訣在於將之視為已存在的事實。不要說「我希望找到一份很棒的新工作」，而是要說「我現在擁有一份很棒的新工作」。這不是自欺欺人，而是對自己確認一個事實：所有東西都是先在內心被創造出來，接著才實現或具體彰顯於外。

2. **永遠以最正向的方式說出肯定宣言。**說出你**想要**什麼，而不是你**不想要**什麼。與其說「我每天早上不會再睡過頭」，不如說「我每天早上都準時起床，而且元氣十足。」這麼做可以確保自己創造出最正面的心靈圖像。

有時你可能會發現使用負面措辭很有效，尤其是當自己試圖擺脫某種情緒枷鎖或壞習慣的時候，你可能會說，「我不用這麼緊繃，事情也能好好完成」。如果是這種情況，你永遠都要再追加一個正面的肯定宣言，說明自己想要的是什麼，例如「我現在非常放鬆且專注，每件事都水到渠成，輕鬆又省力」。

3. **基本上，肯定宣言的句子越短越簡單，效果就越好。**肯定宣言應該是一種清楚、傳達強烈情感的宣示；當它傳達出越多情感，就越能在你心中烙下深刻的印象。冗長、累贅或邏輯混亂的肯定宣言，就會失去它的情緒感染力，而流於某一種精神形式而已。

4. **永遠選擇自己最有感覺的肯定宣言。**適合別人的，不一定適合你，肯定宣言應該讓自己感到正向、開闊、自由和鼓勵。如果你沒有這些感覺，就換另一個試試，或是嘗試改變其中幾個字，直到感覺對了為止。

當然，第一次使用任何肯定宣言時，你可能會在情緒上產生排斥感，尤其是那種對自己真正有影響力、將對自己的意識帶來重大改變的宣示。這都只是我們害怕改變和成長的本能反應而已。

5. **永遠記住你創造的東西都是全新而且是新穎的**。你不是在試圖倒帶重來，或改變已經存在的事實，畢竟這麼做等於是抗拒現實，接著衝突和矛盾就會隨之誕生。你應該保持這樣的心態：對已經存在生命中的一切，坦然接受，並泰然處之，同時把握當下的每一刻，創造你所渴望、能讓自己感到最幸福的事物。

6. **肯定宣言不是用來製造矛盾或改變你原本的感覺或情緒**。這一點很重要，請接納並好好體會自己所有的感覺，這也包括所謂「負面」的感受，你用不著試圖去改變它們。同時，肯定宣言會協助你以全新的角度看待人生，你從此刻起就會有越來越多的好事降臨。

7. 盡你所能讓自己相信，你的肯定宣言一定會成真。暫時（至少維持幾分鐘的時間）丟開所有的懷疑和猶豫，將你的心靈和情感能量完全注入其中。

如果過程中有出現了疑慮、抗拒或負面的想法，讓你無法專心說出肯定宣言，請翻到本書第四部分，任選一種清理法來做，或是改用紙筆將肯定宣言寫下來。

別只是機械性地說出肯定宣言，試著去感覺自己真的有能力實現夢想（事實上你也真的可以！）。這兩種截然不同的態度可是會帶來天壤之別的成果。

肯定宣言可以單獨使用，或是與預想和想像合併使用。在平常的練習中加入肯定宣言會非常有效。稍後在本書中我也會提供一些建議，教你以其他方法使用肯定宣言。

對很多人來說，如果在肯定宣言中加入一些與神相關的連結，力量會因此變得更加強大且激勵人心。你可以提到上帝、聖母、佛祖、冥冥宇宙、某個更高的力量、神明、大地之母、天父之愛，或任何自己喜歡的說法，為肯定宣言注入更多神性的能量，並認可祂是一切事物的宇宙之源。

你還可以參考以下範例：

與我同在的神提供我無窮的創造能量。

此時此刻，天父的愛正流過我的身體，幫助我實現這樣東西。

此時此刻，我心中的耶穌正在創造我生命中的奇蹟。

我現在與偉大之靈魂合而為一。

我現在做的每一件事都有神的引導。

上帝活在我的心中，並透過我顯現在這個世界上。

我要感謝大地之母每天照顧與養育我。

上帝的光芒環繞我，上帝的愛包覆我，上帝的力量從我身上流過。不管我身在何方，

上帝永遠與我同在，世界永遠與我同在。

精神上的「矛盾」

想像自己是一個更放鬆、心胸更開闊的個體，順著生命的流動活在當下。

有時候研究東方哲理或擁有特定信仰的人，第一次聽到創造預想畫面都會有點卻步，這些人內心會產生衝突，因為他們看到了兩個表面上矛盾的概念。他們認為放下所有羈絆及慾望「活在當下」，與立定目標並創造自己想要的人生，是互相矛盾的兩種概念。我說表面上矛盾是因為假如以更深沉的層次去理解，這兩種說法其實並不衝突。它們也是我們真正成為一個有自覺的人之前，必須先瞭解且實踐的重要原則。為了解釋兩者之間如何互相配合，請讓我分享個人對於內在自我成長過程的觀點。

在西方文化中，大多數人的意識都已經失去了與自己靈性本質的聯繫。我們的意識暫時失去了與心靈的連結，也就失去了對生命的掌控和責任感。就內在而言，我們都感到有些無助；基本上我們覺得自己沒有能力真正去改變人生或世界。這種潛藏內心的無力感，造就了我們過度的補償心理，便卯足全力想從這個世界獲取一定程度的權勢或掌控。

因此，我們大多數人汲汲營營地奔向目標，也開始將情感寄託在自身以外的人事物之上，覺得自己需要這些東西才會變得快樂。我們感覺內心好像「缺少」了什麼，所以變得很緊張、焦慮，並且充滿壓力，一直不斷試圖填補那塊空缺，試圖操控外在世界，以獲得自己想要的東西。

在這樣的存在狀態下，我們大部分人都會訂定目標，並努力創造自己想要的人生。而不幸的是，如果停留在這種意識層面，事情一定行不通……結果會分為兩種，我們不是為自己設下太多障礙而無法成功，就是真的成功達成目標了，卻發現內心還是不快樂。

我們都是在意識到這種困境後，才開始轉而向精神世界探求。我們意識到人生的意義一定不僅於此，然後便開始積極去追尋。

在尋找的過程中，我們可能會體驗到很多不同的經驗和過程，但最後都會逐漸回歸到自己本身。也就是說，我們會回來找到自己的靈性本質，這是存在每個人體內的宇宙能量。透過這樣的經驗，我們可以喚醒自己的內在力量，內心的那塊空缺也能**從內在**得到填補。

✿

現在回來談談我們所謂的矛盾。

在我們超越內心空虛和急欲抓住或操控什麼的狀態後，第一件、也是最重要的事就是學會**放手**。我們必須放輕鬆、停止奮力掙扎、停止辛苦嘗試、停止為了滿足自己的欲望和需求，而操控其他人事物。其實，最好就是不要再試著做這麼多事，哪怕是一下子也好，你只要單純去體會**活著**的狀態。

我們這麼做的時候，就會突然發現自己其實可以適應得非常好。事實上，這種感覺還非常棒，讓一切順其自然，放任世界自個兒運轉，不再執著於要改變什麼。這就是**活在當下**的基礎經驗，也就是佛教哲理中的「放下執念」，在基督教的觀念裡，就類似於「神的旨意」。你會感覺自己非常自由，這也是開啟自我覺醒之途的第一步。

一旦你開始越來越常有這樣的體會，就表示自己已經慢慢搭起與心靈溝通的橋樑，不久之後，就會有非常多自然的創造能量開始在你身上流動。你會開始看見自己已經在創造自己完整的人生、以及每一個發生在自己身上的經驗，你也會開始喜歡創造對自己或他人更有益的經驗。你會開始想要將精神投注在那些無論世界怎麼改變、依然都還是自己最高和最有成就感的目標上。你瞭解生命的本質既美好又豐富，有時還很好玩；你也知道擁有自己真正想要的東西不需經過掙扎或勉強，這是每個活著的人與生俱來的權力。這就是創造預想畫面發揮它最重要意義的一刻。

以下這個比喻，希望能為你解釋得更清楚：

將生命想像成一條河流，多數人都牢牢抓著河岸，不敢貿然放手，隨著流水漂向遠方。但到了某個時間點，我們每個人都一定會鬆開雙手，放心讓流水安全地載著自己。就在這個時候，我們學會「順水而流」——這種感覺也很不賴。

一旦我們習慣順水而流之後，就可以開始放眼未來，並且勇敢向前，我們會選出一條看起來最好的路徑，沿途繞過大石頭和枯樹枝，在眾多渠道和支流中決定自己想追隨的方向，整個過程還是保持「順水而流」。

這個比喻告訴我們，我們大可坦然接受現在擁有的人生，順其自然，率性而為，同時負起人生由自己創造的責任，有意識引導自己往目標前進。

記住，創造預想畫面是你的萬用法寶，適用於各種層面，它對個人的心靈成長通常也很有助益。不妨就利用創造預想畫面，想像自己是一個更放鬆、心胸更開闊的個體，順著生命的流動活在當下，並永遠觀照自己的內在本質。

願你能實現
每一個
真心期盼的願望。

Part 2
USING

第二部分
運用

你們祈求，就給你們；
尋找，就尋見；
叩門，就給你們開門。
因為凡祈求的，就得著；
尋找的，就尋見；
叩門的，就給他開門。

——馬太福音 第七章 7—8節

化為生活中的一部分

每天五分鐘正面預想，就足以抵銷掉數小時、數天、甚至數年的負面思考模式。

看完第一部分你會發現，創造預想畫面的基礎技巧並不難。現在的重點在於，學習如何使用並找出適合自己的方式……為自己的人生帶來正向改變。想發揮創造預想畫面的最大效果，我們最好先瞭解一些概念，同時學習一些進階技巧。

首先要把握一個大原則：平常就要多使用創造預想畫面，讓它自然成為生活中的一部分。根據大部分人的經驗，每天花一點時間練習的效果最好，這對初學者而言尤其重要。

我建議你每天早上起床後和晚上睡覺前（創造預想畫面的黃金時段），固定做大約十五分鐘的創造預想，情況允許的話也可以在日間做一次。每一次進行時，記得先讓自己深度放鬆，再開始預想或說出肯定宣言。

創造預想畫面的方法五花八門，能否抓住適當的時機勇敢嘗試，決定權握在你的手上。要有意識地使用創造預想畫面，意味著要具備一種全新的思維或生活方式。同樣地，這還是需要多加練習。

試著在各種情況與條件下使用創造預想畫面，練習越頻繁越好，各種類型的問題都可以拿來嘗試。好比說，你發現自己對某事感到憂心或困惑，或是某個問題讓你覺得沮喪又挫折，問問自己有沒有哪一種創造預想畫面能派得上用場。盡可能養成一個習慣，讓自己在每個適當的時刻都能發揮創意，使用創造預想畫面。

如果你沒有立即感覺到自己的創造預想畫面非常成功，也不用因此氣餒。別忘了，我們多數人都有行之多年的負面思考模式要克服，改變這些陳年舊習總需要一點時間吧！而且，當我們努力想更有意識地生活時，某些潛藏的情緒和心態，也可能會跑出來拖慢我們前進的腳步。

值得慶幸的是，創造預想畫面的力量非常強大，即使只是花五分鐘有意識地正面預想，就足以抵銷掉數小時、數天、甚至數年的負面思考模式。

請拿出你的耐心，羅馬不是一天造成的，我們現在的人生也一樣，它不可能立刻說變就變。只要瞭解這個必經過程，並且堅持不懈，你就會成功創造出許多所謂生命中的奇蹟。

我在創造預想畫面的學習過程中，發現了兩件最重要的事：

1. **固定閱讀心靈勵志和成長書籍**。這些書可以讓我保持與自己最高理想之間的聯繫，並在我遇到難關時給予支持和鼓勵。我通常會放一本這類的書在床邊，每天讀一或兩頁。

2. **擁有一位或（理想上來說）一群志同道合的朋友**。他們和你一樣想要更有意識地生活，而且願意支持或幫助你追求這個目標。透過定期或偶爾參加心靈開發課程或工作坊、互助團體等，也都可以獲得這方面的支持，並且回饋給其他人。

在接下來的章節，我會教你很多不同的技巧、觀念、練習和預想方法，你只要從中選擇比較有感覺或覺得比較適合自己的來練習。創造預想畫面的過程可以分為很多不同的層面和做法，我盡量在本書中放入各種可能的練習。在任何特定情況下，這一個方法適用，另一個方法可能就不適合。你只要跟著自己能量的流動，感覺哪個方法吸引你就用哪個。

舉例來說，在某個情況下你可能想試著說出肯定宣言，但卻發現自己無法好好反覆念誦，或覺得這麼做好像沒什麼效果。遇到這種情形，你可能需要試著使用清理法，或乾脆暫時擱到一邊，將注意力轉移到其他事上。

這一次有效的方法，下一次未必還會有效；對別人有效的方法，對你不一定有效。永遠永遠相信自己和自己內心最深處的直覺感受。

如果一個方法讓你覺得很勉強、費力、刻意或不自然，那就換一個。

如果這個方法讓你感到身心受益、釋放、明朗、舒展、朝氣蓬勃且振奮，那麼它就是你要的了。

我是，我做，我擁有

你必須先「是」真實的自己，
接著「做」你應該做的事，
最後才能「擁有」你想要的東西。

我們可以將生命分成三個面向來看，並可分別稱之為「是」、「做」和「擁有」。

「是」就是人活著、意識清醒的基本狀態。當我們完全專注於當下這一刻的時候，就是在經歷這種體驗，這時我們的內在圓滿完整而且平靜。

「做」代表移動和活動。它發自於每一種生物與生俱來的創造能量，同時也是我們活力的泉源。

「擁有」就是和宇宙之中其他人事物維持著關係的狀態。這是一種能力，讓我們能夠容許且接納其他人事物走進自己的生命，並且自在坦然地共處於同一個空間。
「是」、「做」和「擁有」連起來就像是一個三角形，每個邊之間彼此依存。

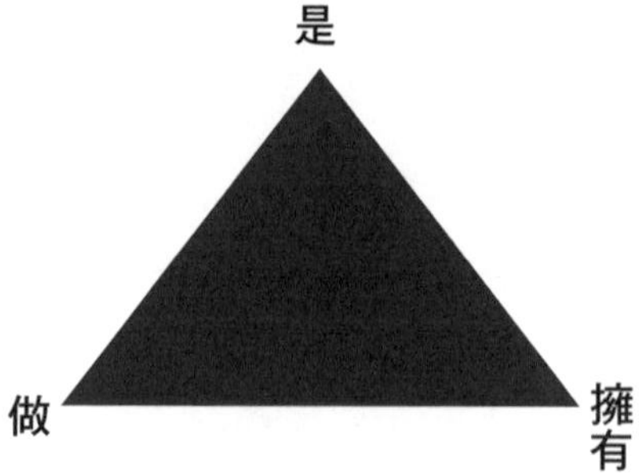

三個角彼此不衝突。
三個角同時存在。

往往一般人都試圖倒著過他們的人生：就是想先試著擁有更多東西或更多錢，然後才覺得能做更多想做的事，最後才會是更快樂的人。

事實上，生命真正的運作方式恰好相反。你必須先「是」真實的自己，接著「做」你應該做的事，最後才能「擁有」你想要的東西。

創造預想畫面的目的在於：

幫我們找出自己是什麼樣的存在。

幫我們專注並順利做好每一件事。

幫我們鞏固、拓展和導正自己擁有的東西。

躊躇不前可能意味著，
你的內心還有一些需要被接受和療癒的感受與想法。

三個必備條件

不論是在哪種情況下，創造預想畫面能否成功，都取決於你內在三個必備條件：

1. **渴望**。你選擇預想的，必須是自己真心希望擁有或創造出來的東西。請試著捫心自問：「我是真的打從心底渴望實現這個目標嗎？」

2. **相信**。你越相信自己選擇的目標，越相信自己有機會達成，就越有可能實現。請試著問自己：「我相信這個目標是有可能的嗎？」，以及「我相信自己可以實現或達成嗎？」

3. 接受。你必須是樂意接受並擁有自己追求的東西。有時候我們追求目標，卻不是真的那麼想要達成它，我們更享受的只是追求的過程。請試著捫心自問：「我真的百分之百願意擁有它嗎？」

這三個條件加總起來，就稱為你的「企圖心」。當你有強烈的企圖心，想去創造某個東西——也就是說，你非常渴望得到它，你完全相信自己可以做得到，你也百分之百願意接受它，那麼它就非常有可能顯現在你的生命中，不論是以什麼樣的形式。

你的企圖心越清楚、越強烈，你的創造預想畫面就能越快、越容易成功。不論在任何一種情況下，都要問問自己你的企圖心現在的狀態如何，如果它顯得有些薄弱或搖擺不定，請進一步檢視自己的懷疑、恐懼、掙扎或顧慮到底是什麼。有時候，躊躇不前可能意味著你還有一些需要被接受和療癒的感受與想法；而有些時候，它可能是在暗示，這個目標其實並不真的適合你。

順其自然

耐心地追隨生命之河的流動，它自然會將你帶到你的目的地。

創造預想畫面唯一有效的使用方法，在於秉持道家思想的精神——「順其自然」。意思就是你不必特別費力去追求你想要的東西，你只要將目標清楚放在心中，接著耐心且祥和地追隨生命之河的流動，它自然會將你帶到你的目的地。有時候，生命之河通往終點的過程不免蜿蜒曲折，甚至可能將你暫時帶往完全不同的方向，但到頭來你會發現，這其實是一條更輕鬆且和諧的道路，讓你不必一路辛苦顛簸或奮力掙扎。

「順其自然」意思就是，輕輕抓著自己的目標（即使它們可能看起來非常重要），而且願意在更合意或更適合的東西出現時，隨之修改目標。這就是取得一種平衡，既要在心中保持清楚目標，也要好好享受沿途看見的美麗風景，甚至在生命之河開始將自己帶往另一個截然不同的方向時，願意順服並改變原來的目的地。簡單說，順其自然意味著意志堅定但懂得變通。

如果你對能否達成目標有很大的得失心（也就是說，如果你無法如願得到想要的東西，你會非常難過），結果很可能會適得其反。當你很害怕無法得到自己想要的東西時，你對這個目標注入多少能量，實際上也會為失敗的念頭注入相等或更多的力量。

如果你發現自己的情緒真的很容易受到某個目標的影響，首先，最有效且適合的做法，就是釐清自己對這件事的感覺。你可能要仔細檢視一下，如果沒有達到這個目標，自己在害怕的是什麼，並利用肯定宣言給自己信心和安全感，或幫助你面對內心的恐懼。

例如，你可以說以下的肯定宣言來幫助自己：

這個宇宙正完美地展開。

我不需要緊抓不放。

我可以放輕鬆並放開雙手。
我可以順應自然本性生活。
我相信我自己的生命歷程。
我一直都擁有我所需要的一切。
我心中擁有一切我需要的愛。
我是一個值得被愛、也懂得愛人的人。
我自己本身就是圓滿完整。
上天的慈愛正在引導我，我永遠受到祂的照顧。
宇宙永遠不吝於慷慨給予。

人生的答案自然會出現

深入審視自己的恐懼，
並明白，
解決內心衝突也是自我成長很重要的一環。

我稍後會提供一些清理法，你可以從中找適合自己的來做。

當然，即使某個目標很容易牽動你的情緒，你還是可以繼續創造預想畫面——有時候效果也會一樣好。反之，如果成效不彰，你就要瞭解自己試圖預想的時候，可能太執著於害怕得不到之後會發生的後果。在這種情況下，最重要的就是放輕鬆，並且接納自己的感受；接受自己的目標可能不會立即實現；深入審視自己的恐懼，並明白解決內心衝突也是自我成長很重要的一環。當然，這也是一個深入認識自己的絕佳機會。

任何時候，在創造預想畫面過程中，如果你覺得，自己正試著勉強或強迫去實現某個不太可能達成的目標時，請往後退一小步，問問自己，這個目標是否真的是對你最好的，或者你是否真的想要實現。答案或許是你還沒真正準備好，又或許是這個宇宙正在試圖告訴你，還有其他一些你從來沒有想過、但是卻更好的選擇。

一位男士最近跟我說了他個人的故事。幾年前，他立志要成為一位脫口秀主持人。他買了我寫的這本書，試圖預想自己是一位出色的喜劇演員。但是無論怎麼樣嘗試，他就是無法清楚想像出或者感覺到自己成功的情景，他將這個情況視為一個訊息，然後重新審視自己所訂的目標。經過許多內心探索之後，他再度回到校園，並且選擇自己喜歡的事情來做：結果他成為一位神職人員和心理治療師。現在，他也在某個熱門國家電視節目中擔任脫口秀主持人，節目的內容就是在探討形上學與超自然現象，這種獨一無二的事業組合，就像是為他量身訂做一般。

以這個例子來說，雖然無法預想出自己認為自己想要的東西，但反而讓他找到另一個全新的人生方向。這個故事還告訴我們另一件事：我們也許都不知道自己真正想要的是什麼；我們必須讓事情繼續發展，答案自然就會出現。

圓滿富足

每個人都能活出自己的精彩豐富

在整個創造預想畫面的過程中，要能感覺自己圓滿富足是非常重要。這意味你已經體認到或自覺地認可，這個宇宙具有豐饒富庶的本質，也瞭解生命一直很想為我們實現自己內心與靈魂的真正渴望——不論是在精神上、心理上或物質上。幾乎每一樣你真正需要或想要的東西，都已經在這裡等著你提出要求；你要做的，就只有相信這是事實，真心渴望，並且樂意接受。

在追尋自己想要的人生時，其中一個最常見的失敗原因，就是「預設匱乏模式」。這是對生命的一種態度或一套價值觀，舉例來說，有人會這樣認為：

這個宇宙的資源不夠多……

生活就是苦行磨難……

在他人匱乏之時自己擁有足夠的資源，是不道德或自私的……

你必須辛苦付出和犧牲，做為一切獲得的代價……

貧窮較為高貴，而且精神層次較高……

這些都是錯誤的信念，它們之所以會產生，是因為你還不瞭解這個宇宙的運作模式，或是誤解了某些重要的精神原則。這些信念對你自己或其他人都沒有益處，只會在各種層面限制「所有人」體現富裕豐足的自然狀態。

這個世界的現存事實是，有很多人為飢餓與貧窮所苦，但我們不需要繼續加深或延續這種情況。事實上，地球的資源絕對足夠分給每一個人，只要我們願意敞開心胸，相信這個可能，並改變我們使用和分配世界資源的方式。這個宇宙是豐饒富庶的，我們所有人天生就應該擁有物質和精神上的富足充裕，而且還能在彼此以及與孕育我們的地球之間取得平衡，並且和諧共榮。

現代人類已經與天地自然狀態下的富足失去聯繫。我們正集體在創造一個高度不平衡的世界。其中極少數人擁有遠超過他們真正所需，並以驚人的速度消耗這些天然資源，其他絕大多數的人卻遭受到嚴重匱乏之苦。這個事實的背後我們都有責任，我們可以藉由改變自己的思維和生活方式來扭轉這個趨勢。我們必須找回自己的本能，即欣賞和享受生命中簡單的快樂。在工業化的世界，我們更需要培養一種更為簡單、自然的生活方式。我們必須瞭解在基本需求得到滿足後，想真正擁有富裕繁盛的人生，是取決於妥善運用上天賜予我們的創造力，並學習在給予和接受之間保持平衡，而不是表面奢侈無度的消費主義。

地球真正的面貌，是一片無限美好、美麗且滋養萬物的淨土。唯一的「邪惡」就是對這個真相缺乏瞭解。邪惡（無知）就像是一個影子——它沒有真實的形體，沒有任何光亮。任憑你怎麼攻擊、踐踏、怒罵或做出任何情感和身體上的對抗，影子都還是不會消失。想要讓影子完全消失，就必須拿光照在影子上。

檢視你自己的信念，看看自己是否還無法完全相信可能擁有富足的人生，而拖住自己前進的腳步。你能不能真的想像自己是一個成功、滿足、有成就感的人？你可以真正睜開雙眼，看見環繞著自己的善良、美好和豐足嗎？你能不能想像世界變成一個朝氣蓬勃且充滿鼓勵的地方，每個人都能活出自己的精彩豐富？

除非你已經相信世界是一塊美好的淨地，而且潛在地照顧每個人的需求，否則在創造生命中想要的東西時，你可能會遇到一些阻礙。

這是因為人性在本質上是充滿愛的，因此我們大部分人都不允許自己擁有自己想要的東西，因為我們相信這麼做一定會對他人造成剝奪。

我們必須看得更深入：擁有生命中真正想要的東西，會讓我們變得更幸福快樂，並支持其他人為自己爭取和創造更多幸福。

想要創造富裕繁盛的人生，我們必須想像自己過著自己渴望的生活、做自己喜歡的事、對於自己擁有的感到知足，以及所有人都能過著自己想要的生活。

豐盛預想練習

想像這樣一個世界：
人們過得簡單卻富足，與大自然和諧共存。

帶著輕鬆的心態，試試以下這個練習，來激發你的想像力，並幫助自己預想出真正的富裕豐足：

找一個舒服的姿勢完全放鬆。

想像自己身處在任何一個美好的自然環境中。可能是在一條可愛小溪旁遼闊的綠色草地，或是在海邊的白色沙灘上。花一些時間想像一切美麗的細節，想像自己陶醉於並欣賞周遭的情景。現在開始往前走，很快地發現自己身在一個全然不同的世界，你可能在探索隨風搖曳的金色麥田，或是在小湖中游泳。繼續漫步徜徉並探索，然後找出更多格外美麗的風景，例如山脈、森林、沙漠或任何夢幻的景色。花一點時間，駐足欣賞每一道風景……

現在，想像你回到家裡簡單但舒適可愛的小窩，或任何讓你感到最自在的環境。想像你被親愛的家人、朋友和鄰居圍繞著。想像你正在做自己喜歡的事，依你喜歡的方式有創意地表達自己。你的付出正得到豐碩的回饋，包含內心的滿足感、他人的稱讚與金錢的報酬。想像你自己非常滿足且充分享受人生。往後退一步，看看你能不能想像有這樣一個世界，人們過著簡單卻豐足、彼此以及與大自然間和諧共存的生活。

肯定宣言練習

我已經準備好，
接受一切生命給予我的快樂和富足。

我在簡單的生活中找到富足。

宇宙是豐饒的，我們每個人都能分得很多很多。

富足是我真正的存在狀態，我已經準備好全心全意、愉快地接受。

上帝永遠供應我無窮無盡的資源。

我值得成為一個富裕又快樂的人。現在的我富裕又快樂！

我的人生越豐足繁盛，我越能夠與他人分享更多。

我已經準備好接受一切生命給予我的快樂和富足。

這個世界正在變成一個能讓每個人都富足豐饒的地方。

我輕鬆且不費力地迎向金錢上的成功。

我正享受著個人的財富榮景！

生命本來就應該充滿趣味，我現在就願意去享受生命。

我的內在和外在都很富有。

我有很多錢，可以供應我個人與家庭的需求。

我現在擁有令人滿意的待遇，月收入$＿＿＿。

我對自己的經濟狀況感到非常滿意。

我覺得自己很富有、幸福，並且快樂。

接受自己的優點

如果你不夠愛自己，
就表示現在的你無法給自己真正值得的東西——
也就是一切最好的。

想利用創造預想畫面創造人生想要的東西，你必須願意而且有能力接受生命給你最棒的禮物——你的「優點」。

雖然聽起來有點奇怪，但其實我們很多人都很難接受自己有可能擁有自己想要的人生。這種想法通常根源自一些從小根深蒂固、認為自己並不值得的信念。這種信念基本上都不外出於以下的想法：「我的確不是那種很優秀（值得被愛、有價值）的人，因此我不夠格擁有自己想要的東西。」

這種信念通常也會混雜其他甚至相反的感受，例如認為自己非常完美、值得擁有一切等等。但是，如果你發現自己很難去想像可能發生的最美好情境，或是你曾有過類似「我永遠也得不到」，或「這不可能發生在我身上」的想法，我建議你不妨先就自己的自我形象檢視一番。

自我形象就是你對自己的看法和評價，這通常很複雜而且有很多面向。為了瞭解你在各個層面對自己的定義，請開始在一天中各種時間和不同情況下問自己：「我現在對自己的感覺如何？」總之，就是開始把握各種時刻，留意你心中對自己有什麼看法或感覺。*

一個非常有趣又清楚直接的做法，就是檢視自己的外在形象。請問一下自己：「我覺得自己現在看起來如何？」。如果你感到彆扭，覺得自己很醜、很胖、過瘦、太壯、太弱小或如何如何，可能都是一種其實你還不夠愛自己的暗示，因此現在的你無法給自己你真

*我極力推薦哈爾史東博士夫婦 (Dr. Hal Stone and Dr. Sidra Stone) 的《擁抱自己內心的批判》這本書，以及《遇見自己內心的批判》有聲書。

正值得的東西——也就是一切最好的。我常常發現到，也感到驚訝，有很多外表出眾、充滿魅力的人，往往覺得自己很醜、沒有價值、不值得擁有。

肯定宣言和創造預想畫面非常適合用來幫你建立更正面、更溫暖美好的自我形象。一旦你發現自己開始不愛自己的時候，請記得把握每一個機會，對自己說出正面、讚美且溫暖的肯定話語。學著在自己開始在心裡苛責或批判自己時快速察覺，並且要有意識地開始對自己溫柔一點、多欣賞自己一點，你幾乎會立即發現，這麼做也讓你變成一個更溫暖的人。

想想你打從心底欣賞自己哪些特質。就像即使你很清楚某位好朋友的缺點和短處，你還是可以愛他或她那樣，你也可以接受自己的全部，去愛真實的自己，同時留意還有哪些有待成長或改進的地方。為自己這麼做的感覺是非常美好的，它也真的可以改變自己的人生。

請開始告訴自己：

我值得被愛。

我親切又溫暖，我有很多要與他人分享。

我聰明、有才華又有創意。

我很有魅力。

我值得人生最好的事物。

我能給予的有很多，而且這點受到大家的認可。

我愛這個世界，世界也愛我。

我願意活得快樂又有成就。

或使用任何你覺得更適合、更有效的肯定話語。

也可以以第二人稱來進行肯定宣言，效果通常會很不錯。請念出自己的名字，例如：

小雯，妳是一個聰明又有趣的人。

我非常喜歡妳。

曉明，你待人溫暖又和善。

大家真的都很欣賞你這個優點。

這種直接對自己說話的方式尤其有效，因為我們很多負面的自我形象，都根源自這類經驗：從小被他人以各種方式說服自己很差、很笨或在某方面能力不足。

試著盡可能清楚想像自己的模樣，然後想像給自己很多關愛，就像你會去關心疼愛自己在乎的人一樣。你不妨將之視為，自己內心的大人正在給予自己內心的小孩關愛和欣賞。

告訴自己：

我很愛你。你是一個非常美好的人。

我很欣賞你纖細和誠實的特質。

改善不滿意之處

每一天都是新的一天，都是一個機會，可以讓你成為那個美好、待人溫暖、受人歡迎的真實自己……

創造預想畫面也很適合用在你覺得需要改善的身體問題上。好比說，如果你覺得自己體重超過標準，你可以利用兩種方法雙管齊下：

1. 透過肯定宣言和愛的能量，開始學習關愛並欣賞自己現在的樣子多一點。
2. 透過創造預想畫面和肯定宣言，開始想像自己想要成為的樣子——體態良好、健康而且快樂。這些超級有效的方法可以為你帶來真正的改變。*

上述兩個方法也適用於任何自己不夠滿意的層面。

記住，每一刻都是新的時刻，每一刻你都是一個全新的人。每一天都是新的一天，也都是一個機會，可以讓你成為那個美好、待人溫暖、受人喜愛的真實自己……。

除了提升你的自我形象外，反覆溫習肯定宣言，讓自己敞開心胸接受宇宙的恩賜，也值得你多多練習。

舉例來說，你可以這樣說：

我隨時準備好接受這個豐饒宇宙的恩賜。

一切的美好都輕鬆且不著痕跡地降臨在我的生命中。

*你也要在心裡記得，體重問題和許多其他身體上疑難雜症，往往都有很深的情感根源。向專精於這些議題的醫師或互助團體尋求協助，有時候也十分重要。

自我欣賞練習

我是一個充滿力量、愛和創造力的存在

你可以藉由以下這個練習，強化自己的自尊並增進自己的能力，去面對宇宙已經準備好、也渴望傳遞給你的愛和能量：

想像自己處於日常生活情景中，接著想像某個人（可能是認識的人或陌生人）眼神充滿愛意與仰慕地看著你，對你說出他們最喜歡你哪些特點。現在想像有更多人現身，一致同意你是一個非常優秀的人。（如果這讓你覺得尷尬，還是繼續堅持下去！）想像越來越多人聚集且注視著你，眼神懷著滿滿的愛與尊敬。想像自己身在遊行之中或站在舞台上，下方有一大群歡呼鼓掌、愛戴且欣賞你的人。最後你站起來深深鞠躬，感謝所有人的支持與愛護。

以下是一些適用於自我欣賞的肯定宣言：

我完全愛著並接受原本的自己。

我不用試著去取悅任何人。我喜歡我自己，這才是最重要的。

在眾人面前我對自己感到非常滿意。

我可以自由、完整、輕鬆地表達出自己。

我是一個充滿力量、愛和創造力的存在。

付出

當我們將自己的能量給出去，
我們同時也在製造空間，
讓更多能量流進來。

給予，或是「付出」，也是一個重要的原則。宇宙是由純粹能量所構成，它的本質就是移動和流動。生命的本質就是恆常地變化、恆常地流動。當我們瞭解了這個道理，就能跟隨生命的律動，隨心所欲地給予和接受。我們知道自己從來沒有真正失去什麼，反而是不斷地獲得。

一旦我們開始學習去接受宇宙的恩惠，我們自然也會想要與他人分享，並發現當我們將自己的能量給出去，我們同時也在製造空間讓更多能量流進來。

當我們出於不安全感（恐懼）以及一種「還不夠多」的感覺，而試圖緊握著或抓住自己現在擁有的，我們就開始切斷了這種美好的能量循環。如果我們只顧著緊緊抓住自己所擁有的，我們就無法保持能量的流通，也沒有空間讓新的能量流向我們。

能量會以各種形式存在，例如愛、情感、欣賞和認同、物質財富、金錢和友誼。無論是哪種形式，基本原則都是通用的。

瞧一瞧週遭生活最不快樂的人，你往往會發現，他們都在某些方面表現出「急切飢渴」的感覺，也因此對生命抱持著一種緊抓不放的姿態。他們覺得整體而言的人生與某些特定的人，都對自己的需求有所虧欠。這些人就像是勒住生命的脖子，迫切地想要從中榨出自己渴求的愛和滿足，但實際上卻反而阻斷了供給的道路。我們很多人都有些許這樣的傾向。

當我們發現自己內心願意給予的那一塊，我們也就開始倒轉能量的流向。真正的給予不是出於犧牲、一廂情願或某種精神或情操，而是出自於這件事可以為你帶來單純的快樂——因為你感覺很好。只有一顆圓滿、慈愛的心，才能做到真正的給予。

我們每個人的內在都有源源不絕的愛與快樂。我們已經習慣去認定，必須從外界得到什麼才能讓自己快樂，但事實上快樂是不假外求的：我們必須學習聯繫自己內心快樂和滿足的來源，並將之付出與他人分享——**不是因為這麼做是美德，而是因為這麼做感覺非常棒！**一旦我們習慣這麼做後，我們自然就會想要與他人分享，因為分享是愛的本質，而我們都是充滿愛的存在。

當我們付出自己愛的能量，便能製造空間讓更多能量流入。你很快就會發現，這個過程感覺太美妙了，讓人忍不住想一做再做。你從自己身上分享越多出去，就會從世界接受越多回來，這是基於能量進出的法則。（大自然不能容忍真空，只要你付出就會挪出空間，這個空間一定會獲得補足。）付出本身就是回報。

當我們完全瞭解並實踐這個法則，我們天生充滿愛的本質也就得以彰顯出來。

然而，請記住，**心態健康的給予，意思是你能夠在感覺不對勁的時候「拒絕」付出。你不能只是一味付出，除非你也相對地敞開心胸接受回報……而且「給予」的意義也包括給予你自己……**

學會付出的練習

說出對別人的感謝、欣賞和仰慕

談到付出這件事，道理就是熟能生巧。你必須有意識地多練習，才能體會它美好的箇中滋味。以下是一些學習付出的練習，如果你有這方面的需求，可以試著做看看：

1. 盡量以各種你想得到的方式，對他人表達欣賞之意。現在坐下來，在一張紙上列出你想要付出愛和欣賞的人，對每個人想出一種自己能在下週實行的付出方法。付出的形式不拘，可以是文字、肢體接觸、一份禮物、一通電話或一封信、金錢，或分享自己任何讓他人感覺良好的才藝。選那些你自己感覺特別好的來做，即使對你來說難度高了一點也沒關係。

如果心裡想要對他人表達感謝、欣賞和仰慕，練習讓自己多多實際說出來。「你人真的很好，謝謝你願意幫忙。」、「我想讓你知道，我真的非常感激。」、「那天你說話的時候，眼睛閃閃發光又漂亮，看到你我真的很開心。」（即使你覺得有點不好意思，還是可以放心地說！）

2. 檢查一遍你所有的個人財物，找出自己不是很想要或很少使用的物品，送給可以更珍惜它們的人。

3. 如果你是那種能少花一分錢就少花一分，總是喜歡到處撿便宜的人，請試著每天多花一點點不必要花的錢。與其屈就低於預算的產品，不如選稍微超出預算的東西。給自己一些小獎賞、請朋友喝一杯咖啡，或捐款做公益。即使只是這麼一個小動作，都能清楚向自己展現，你對自己在肯定宣言中堅信的富裕豐足有信心。在這種情況下，行動和文字一樣有影響力。

4. 捐出自己一定比例的收入。將自己一定比例的收入捐給教會、公益組織或任何你認為對世界帶來有價值貢獻的團體或個人。這麼做可以保持能量的流動，同時也是一種認可，承認自己獲得的一切皆來自宇宙（或上帝），因此你也要回饋給宇宙資源。你捐出多少比例不是重點，即使只是收入的百分之一，都能讓你持續感受到付出的經驗。

5. 發揮創意。思考有沒有其他付出方法，可以讓自己的能量流入宇宙之中，為自己也為他人帶來益處。

療癒

與內在的自己好好相處，我們就不再需要透過生病，才能讓內在的自己得到關注。

想打造且維持良好的健康，創造預想畫面是我們擁有的一項重要工具。

身心整體健康的基本原則之一，就是不能將生理上的健康，和心理、情感與精神上的狀態分割開來。每個層面都是環環相扣的，在身體上感覺「出了毛病」，通常同時也反映著其他層面的衝突、緊張、焦慮或失調。因此當我們身體出現異樣，無非是在傳達一種訊息，要我們深入檢視自己的情緒和直覺感受、思想和態度，並設法恢復生命自然的和諧與平衡。我們必須調整步調，去「傾聽」自己的內心歷程。

創造預想畫面是一種由內而外、由心靈對身體溝通的方式。過程是先有意識或無意識

自我療癒

生病或「意外」往往是在向我們釋放訊息，即我們的內心有一些問題尚待解決。

有時候我們生病，是因為我們內心相信在面對某些情況或環境時，生病是一種適合或必然的對應方式，因為它在某些方面似乎能為我們解決問題，或滿足我們的需求，或化解一些無法解套且難以承受的內心衝突。

舉例來說：有人生病是因為他「暴露」在某種傳染病的環境中（並因此相信生病無可厚非且機率很高）；有人死於與父母相同或家族病史中的疾病（因為她不自覺地安排自己遵循相同的生活模式）；有人生病或發生意外是為了逃避工作（可能是工作上出現他無法面對的困難，或是除非生病了，否則他不容許自己有喘口氣或安靜下來的時間）；有人生病是為了得到愛和關注（這是她小時候獲得父母親關愛的方式）；有人一生壓抑自己的感受，最後被癌症帶走了生命（情緒累積造成自己的壓力，卻又認為自己不該將情緒表達出來，兩者之間的衝突無法解決）。

我舉這些例子的意思，並非我相信所有疾病都是簡單又巧合地一個蘿蔔配一個坑。所有問題的背後都藏有許多複雜的因素。我想強調的是，疾病除了生理因素外，其實情感、心理或精神因素也會導致自己生病，而生病可能是因為我們內心或生活中遇到了難題，想要藉此找出解決之道。如果我們願意正視並仔細檢視我們的感受和意念，不論是哪個層面我們往往都能痊癒。

✿

抱持這種觀念，我們自然會以更有建設性的心態去面對疾病。我們不把自己視為「受害者」，也不認為疾病是無法逃脫的災難或不可避免的厄運，我們把它視為強大且有用的訊息。當我們正為身體上的病痛所苦，它就是一種訊號，說明我們的意識中有東西需要被檢視，需要被自己正視、承認和療癒。

通常生病傳達的訊息就是要我們沉澱下來，多花些時間與內在的自己相處。疾病通常會強迫我們放鬆，放下手邊一切繁忙的事務和「努力」，進入深沉、寧靜的意識層次，從中獲得我們需要的滋養能量。

最根本的療癒永遠源自內心，即使我們可能也需要輔以外在的治療。當我們允許自己每隔一段時間就靜下心來，與內在的自己好好相處，我們就不再需要透過生病，才能讓內在的自己得到關注。

生病或「意外」往往是在向我們釋放訊息，即我們的內心有一些問題尚待解決。可能是有一些被壓抑的感受需要釋放，或是在某些方面需要自己更多的關心。盡可能讓自己沉澱下來，傾聽內心的聲音，弄清楚這個訊息是什麼，或在這個情況中你必須瞭解什麼。你或許能夠獨自完成，或有時候可能需要諮詢者、治療師、朋友或醫生的輔助和支持。

很重要的一點，你不用因為生病或身體出問題，而感到「罪惡」或「應該受責怪」。

生病不代表自己是一個沒有自覺的人。反之，你不妨將它視為自我成長旅程中重要的一步，視為一份幫助你學習和成長的禮物。

創造預想畫面可說是很有效的治療途徑，因為它可以直探問題本源——也就是你自己內心的想法和圖像。現在請開始想像自己的樣子，並肯定自己現在很健康；想像你的身體健康問題已經完全獲得解決並且治癒。針對不同層面都有很多不同的對應方法；你必須找出哪些特定類型的肯定宣言和圖像對自己最有效。我在本書的第三部分提供了一些建議，你也可以參考。

當然，「預防勝於治療」永遠都是最重要的。如果你沒有健康上的問題，那再好也不過了，你只要肯定並想像自己永遠保持健康活力，就永遠不必擔心生不生病的問題。如果你的健康有些狀況，值得欣慰的是，疾病「奇蹟」般痊癒的例子每天都在發生，甚至像癌症、關節炎和心臟病等重大病症也不例外，這都是利用各種形式的創造預想畫面辦到的。

本書出版後沒幾年，就已經有上百位讀者與我分享他們的故事，告訴我書中的觀念和技巧如何幫助他們治癒嚴重的疾病和傷痛。舉例來說，一位參加我工作坊的女子，曾經歷一場嚴重的車禍，有段時間還陷入昏迷，之後醫生告訴她，她的身體要能夠完全恢復正常，光復健就需要花上好幾年，假如有可能痊癒的話。但是她在治療的期間輔以創造預想畫面，三個月之內就完全康復，並回到工作崗位上。

一位男性則寫信告訴我他的故事：他曾經被診斷罹患無法開刀治療的腦瘤。這個消息帶來的震撼使他重新審視自己的人生，並發現讓自己感到困厄與挫折的癥結。他利用書中的技巧（配合定期去醫院治療）解決了自己某些人生議題，最後腦瘤也就消失了，好幾年後也未曾再出現。

很多人都告訴我，他們被診斷出罹患末期癌症後，便開始使用創造預想畫面。好幾年過去了，他們還是活蹦亂跳且健康無虞。我自己的母親也利用創造預想畫面，讓她的膽結石沒有經過手術就治好了。當醫生拿「最初」的X光照片（看得見膽結石），對照我母親用創造預想畫面一段時間後的X光照（沒有任何膽結石），他簡直不敢相信自己的眼睛。

當然，這些疾病能夠痊癒可能還包括許多原因。只是，這麼多人的故事加上我自己的親身經歷，讓我相信創造預想畫面一定是一種有效的工具。

有些時候，創造預想畫面本身就可能是一個非常有效的療程；其他時候，則還需要配合其他形式的治療。只要你對某些治療方法感到有信心，無論如何去嘗試就對了！當你真心希望且相信它真的有效，它就很有可能為你締造奇蹟。如果有適合自己的醫院治療，也不要拖延！但是，不論是哪種形式的治療，從傳統醫藥或手術到另類治療，例如針灸、瑜珈、按摩、飲食療法等，創造預想畫面永遠都是有力的輔佐，可以搭配自己選擇的治療一起進行。有意識地使用創造預想畫面，可以加速正常治療的過程，而且使之運作更加順暢，效果令人驚訝。

記住，不是所有的身體問題都會以好轉或消失的形式被「治癒」。有一些病痛在我們的生命中或心靈成長歷程上，肩負著很重要的目的。它們可能會伴隨我們很長一段時間，或者是一輩子。在這種情況下，我們可能就需要利用創造預想畫面和肯定宣言，幫助我們接受自己的限制，並盡己所能活出最快樂或最值回票價的人生。

也要記住，我們每一個人到了某個時刻，一定會脫離自己的軀殼轉化到另一個世界。這個時候，大多數人都是透過疾病而離開。如果一個人已經在內心深處下定決心（通常是無意識的）該是時候，離開這個世界，自己再去嘗試「自我療癒」或由最親近的人再去嘗試為他療癒，可能就不是很適合，也不會有效。如果試圖療癒卻似乎沒有效果，這時候就應該專注於預想一個安詳平和、無所缺憾的圓滿人生，以及擁抱即將來臨的死亡。

療癒他人

想像宇宙的能量透過自己的身體，流向需要的人。

用來自我療癒的同一套原則，也適用於療癒他人。

這是源自於宇宙萬物皆為一體的本質。我們意識中的某一部分，可以直接連接上其他每個人意識中的同一部分。因為這一個區塊也是我們和全能全知的連結，因此我們「所有人」都擁有很驚人的療癒力量，可以隨心所欲地利用。

這當然是件很棒的事，但其實你只要改變自己對另一個人的想法，並有意識地一直想像著一個健康、幸福的影像，很多時候都可以立即治癒那個人，也有很多時候還可以加快對方的痊癒速度，並使過程變得更順利。對方甚至也完全不需要知道你做了哪些事。事實上，如果這個人沒有意識到自己生病了，在某些情況下不知情反而會比較好。

我從小成長於一個非常講究科學、理性的背景與教育環境。對我來說，一個人有能力去療癒遠在他方的陌生人，真的是最難以理解與接受的觀念之一。然而，我現在已經看過也親身經歷過太多，便不再對此有所懷疑。而且，現在很多有意思的科學研究，也都證實了祈禱和預想的療癒力量。*

根據經驗，我發現療癒他人最好的方式，就是想像自己是療癒能量的清楚媒介，並想像宇宙的精神能量通過自己的身體，流向需要的人。想像是自己在提供對方自我療癒所需要的一切協助。同時記住，如果這個人本身不願意康復也沒有關係，此時，我會想像對方是……一個神聖的存在，一份上帝美麗且完美無瑕的傑作……自然活得健康且快樂。

在第三部分，我要告訴你一些對我而言最有效的療癒方法。我鼓勵你都嘗試看看，然後找出屬於自己的方法。

---

*可參考勞瑞·杜西醫師（Larry Dossey）之著作《療癒的文字——祈禱和藥物的力量》(Healing Words — The Power of Prayer and the Practice of Medicine)。

Part 3

PRACTICE

第三部分

練習

你定意要作何事，
必然給你成就，
亮光也必照耀你的路。
——約伯記 第二十二章 28節

紮穩根基，讓能量動起來

創造更多幸福感與心想事成的能力

這是一個非常簡單的預想技巧，也很適合放在每一種預想練習之前進行。它的目的在於讓你的能量動起來、化解可能的障礙，並與身體保持緊密連結，確保自己在預想期間不會「恍神」。

舒服地坐下，背部挺直，坐在椅子上或盤腿坐在坐墊上。閉上眼睛，緩慢且深沉地呼吸，從十倒數回一，直到感覺深度放鬆為止。

想像有一條很長的繩子接在自己的脊椎底端，通過地板一路往地底延伸。如果你願意的話，不妨想像它就像一棵樹的樹根，往地底深處生長。這可稱之為「接地繩」。

現在想像大地的能量，正透過這條繩子往上流動，（如果你坐在椅子上，就是透過腳底），並通過自己身體各個部位，最後從頭頂流出。反覆想像這個情景，直到感覺能量真的已經開始穩定地流動。現在想像宇宙的能量正從頭頂流入，通過全身，沿著「接地線」經過雙腳抵達地底。試著去感覺這兩種方向的能量流，感覺它們在自己的體內和諧地調合。

這個練習，能讓你在宇宙能量和大地能量之間取得平衡，前者充滿夢想、幻想和想像力，而後者帶有穩定、務實的特質。這種平衡會為你創造更多幸福感與心想事成的能力。

開啟能量中心

這個練習能讓自己的能量流動起來，感覺放鬆，但精力充沛。

這個練習能用來療癒和淨化身體，並讓自己的能量流動起來。這個練習非常適合在早晨起床後進行，或放在各種預想練習前暖身，或用於任何想放鬆或充電的時候。

以背部躺下，手臂放在身體兩側，雙手交疊放在腹部。閉上眼睛，放輕鬆，輕輕地、慢慢地做深呼吸。

想像頭頂有一圈閃閃發亮的金色光環。做五次緩慢、深沉的吸氣和吐氣，將注意力放在這個光環上，感覺它正從自己的頭頂散發出光芒。

現在將注意力往下移到喉嚨上。同樣地，想像有一圈金色光環在喉嚨的位置散發出光芒。再次做五個深呼吸，同時感覺這股能量越擴越大。

接下來將注意力往下移到胸部正中央，想像金色光環環繞在身體中段部位。緩慢地深呼吸，連續五次。

現在想像光環往下移到心窩或腹腔。再一次，做五個深呼吸，感覺光環正在散發且擴大它的能量。

最後想像光環來到雙腳上，再做五次深呼吸。

現在想像全部六個光環一起發光，你的身體就像是一串寶石，散發耀眼的能量。

現在深呼吸；吐氣時，想像能量從頭頂開始，沿著身體左右任一側的外緣，往下流至腳底；吸氣時，想像能量沿著身體另一側往上流到頭頂。以這個方向反覆做三次能量循環。

繼續深呼吸；吐氣時，想像能量沿著頭頂，往下通過身體正面流到腳底；吸氣時，感覺能量沿著背部往上流到頭頂。以這個方向反覆做三次循環。

現在想像能量聚集在腳底，並慢慢往上通過身體中心流到頭頂，想像你的頭頂像太陽

打造你的心靈城堡

一個隨時為自己敞開大門的避風港

在開始使用創造預想畫面前，其中一個必須先做的事，就是建造一個內在的心靈城堡，作為一個隨時為自己敞開大門的避風港。心靈城堡就是可以讓自己完全放鬆、獲得寧靜、感到安心的桃花源，你可以完全依照自己想要的方式去打造它。

找一個舒服的姿勢，閉上眼睛，放輕鬆，想像自己置身在美麗的自然環境中。它可以是任何你嚮往的地方，例如草地上、高山頂端、森林裡或海邊，甚至是海底或其他星球。不論這個地方在哪裡，都必須給你舒服、愉悅與和諧的感覺。探索你週遭的環境，留意各種視覺上看得到的細節、聽得見的聲音與嗅得到的氣味，或任何特定的感覺或印象。

現在開始進行任何你喜歡的打造，讓這個地方變得更舒適、更有家的感覺。你可以建造某種類型的房子或小屋，或乾脆以金色光芒將整個區域圍起來，用來保護自己、給自己安全感。你也可以依自己方便或喜歡的方式去設計和佈置那個環境，或是進行一個小儀式，宣告它現在成為你的專屬基地。

從現在開始，它就是你個人的心靈城堡，只要閉上眼睛並在心裡默想，你隨時都可以回去。只要待在那裡，你永遠都能獲得療癒與和放鬆。它也是一個對你而言充滿特殊力量的地方，你也可以在裡面進行每一次的創造預想畫面。

你可能會發現，隨著時間過去，自己的心靈城堡也會不斷改變，或著有時候，是自己想對它做變更或增補。在自己的心靈城堡中，你可以盡情揮灑創意並縱情玩耍，只是要記得保持它的最重要特質：平和、寧靜，以及絕對的安全感。

粉紅泡泡理論

粉紅色氣場環繞著自己預想的東西，就會吸引來與自己頻率完美相合的事物。

這個練習很簡單，而且超級有效。

舒服地坐下或躺下，閉上眼睛，深沉、緩慢且自然地呼吸。慢慢地深入放鬆。

想像某個自己希望實現的東西。想像它已經成為事實。盡可能在心裡描繪得越具體越好。

現在，用你的心靈之眼，想像出一個粉紅色泡泡圈圈來，然後將自己的目標放在泡泡裡面。粉紅色是連結心臟的顏色，當粉紅色的氣場環繞著自己預想的東西，它就只會吸引來與自己頻率完美相合的事物。

第三個步驟就是讓粉紅泡泡隨風飛逝，想像它飄入宇宙之中，裡面乘載著自己的夢想。這象徵著你已經在情感上對它「放手」，現在它可以自由徜徉在宇宙之間，吸引並聚集需要的能量，讓這個想像變成具體的事實。

你要做的全部就是這些。

自我療癒冥想法

想像你正在滋養與呵護自己，
讓自己能夠一直健康無虞。

以下有一些很有效的方法，可以用來療癒自己。

自我療癒冥想

這個冥想可以幫助我們找出身體問題的潛在原因，並且或是開始進行釋放和療癒。

坐下或躺下，呼吸，深深放輕鬆。從腳趾開始，沿著雙腳、雙腿、骨盆等依序而上，分別專注於身體的每一個部位，請它放輕鬆並釋放出所有緊繃感。感覺身體所有的緊張都消失、流出體外。

如果你願意的話，在冥想時開啟能量中心，可以讓自己的能量真正流動起來。

現在想像金色、療癒的光明能量環繞著自己全身，用心去感覺、去感知、去享受。

如果你身上有某個生病或疼痛的部位，問問它是否有訊息要傳遞給自己。問問它自己是否有必須瞭解或必須做的事，不管是對於當下，或是對於整體的人生。安靜待著幾分鐘，留意是否有任何文字、圖像或感覺出現，針對你的問題做出回應。

如果你得到答案，盡你所能去瞭解和追蹤。如果你沒有得到答案，繼續進行上述的過程。有時候答案可能會晚一點出現，方式也可能會出乎你的預期。

現在將充滿愛和療癒的特殊能量注入該處，以及身上其他需要療癒的部位，然後想像或感覺它們正受到療癒。你想要的話，也可以讓自己的療癒師陪著自己，協助一起進行療癒。

想像身體問題漸漸解決，其能量也逐漸流失的畫面，或是運用任何對自己有效的圖像。

現在想像自己的健康狀態自然又完美。想像你在各種狀況下感覺良好、積極且健康。

想像你正在滋養與呵護自己，讓自己能夠一直健康無虞。

肯定宣言

我在各方面關愛和療癒自己，包括精神上、心理上、情感上和生理上。

我以我的身體為榮，我尊重我的身體。

我會傾聽身體的訊息。

我正在學習好好照顧自己。

我百分之百愛著並接受我的身體。

我善待我的身體，我的身體也以相同的方式回饋我。

我值得擁有健康，值得感覺良好。

我的身體處於平衡的狀態，我與自然和宇宙保持完美的和諧關係。

我很感激自己擁有越來越多的健康、美貌和活力。

感覺良好是正常的。

療癒他人的冥想法

看見他人健康的形象，
不給予疾病任何能量或力量。

這個冥想適用於自己獨自進行，不需要被對方看到，除非這個人主動要求你為他進行治療。你可能希望、也可能不希望讓其他人知道，自己正在為他們進行療癒冥想，這要視每個人的個性而定，看他對這種概念的接受度高不高。

深沉地放輕鬆，做任何自己想要的事前準備，幫助心靈進入深沉、安靜的狀態。

將自己視為一個清楚明確的管道，讓宇宙的療癒能量流入體內。這股能量不是源自於你個人，而是源自一個更高層的源頭，你則負責聚集和導正它的流向。

現在描繪或想著那個人的模樣，盡可能越清楚越好。問問對方有沒有什麼是你可以在冥想時為他或她做的事。如果有，你又感覺應該去做，那就竭盡所能為對方完成。

如果你有一股衝動，想要療癒某個人身體的特定部位或特定問題，那就去做吧。你只要去設想所有的問題都得到解決，一切都得到療癒並完美地進行著。

接著想像這個人被金色的療癒光芒環繞著……看起來非常健康又快樂。（在自己的心中）直接對他說話，提醒他有一個更高的力量正在照顧他，如果他願意就能受到療癒，跟他說你支持他擁有完全健康且快樂的生活，而且你會繼續傳遞自己充滿愛的支持和能量。

當你感覺已經完成，睜開眼睛，回到外在世界。這時你會變得神清氣爽、煥然一新、健康且充滿朝氣。

從現在開始，你在冥想中只會看見這個人非常健康的形象。不要再施予疾病任何一點的心靈能量或力量，你只要持續想像對方已經完全痊癒的樣子。

你不會因為傳遞給他人療癒的能量，就感覺自己失去了元氣。因為你傳送的並不是自己個人的能量，而是將宇宙的生命力量透過自己的身體傳遞出去。如果你感到筋疲力竭，可能是在情感上太過投入、太過努力。不妨這麼想會更有幫助：將治療這個人的責任交給宇宙更高的力量，並說出肯定話語，告訴自己一切發生的事情都是為了對方最大的利益著想。記住，我們無法每次都知道對自己或對他人最好的是什麼。

團體療癒

療癒的能量完全不會受到距離的影響

以團體的形式進行治療是很有力量的。

如果要治療的對象就在現場，請他躺在正中央，或坐在一張椅子上（看什麼方式最舒服），其他人環繞著他坐成一圈。

每個人都要閉上眼睛，保持安靜，深沉放輕鬆，接著開始想像將療癒的能量傳送給正中間的人。記住，透過你身體傳遞出去的，是宇宙的療癒能量。想像這個人被金色光芒環繞著，感覺良好，健康狀態極佳。

如果你願意的話，你可以讓每個人舉起雙手，掌心朝外，面向中央的人，感受能量透過你的雙手流向他。

在療癒的過程中，如果所有人一起念「嗡（om）」幾分鐘，也會特別有力量，並可因此增加過程中聲音的共鳴治療。（「嗡」是一個很長、很深的共鳴音，發音類似「奧姆（a-a-aum-m）」，每一口氣盡量拉到最長，然後換氣繼續反覆。）如果這個念誦法對團體造成困難，那就沒有必要多此一舉。

如果這個人沒有在現場，只要告訴大家此人的姓名和居住地，然後繼續進行療癒，就像本人也在場一般。療癒的能量完全不會受到距離的影響，我見證過很多現場的療癒奇蹟，我也看過很多奇蹟發生在千里之外的人們身上。

疼痛的療癒冥想

將身體上的疼痛想像成一種顏色

以下這個冥想方法，你可以和正在經歷頭痛或任何特定疼痛的人一起進行。

讓這個人躺下，閉上雙眼，深度放輕鬆。請他專注在自己的呼吸上一會兒，深沉、緩慢地呼吸，但保持自然。請他慢慢從十倒數回一，每一拍都感覺自己潛入更深沉、更放鬆的存在狀態。

在這個人已經完全放鬆後，請他描繪或想像一種明亮的顏色，任何顏色都可以（就選心中第一個想到的顏色），請他將這個顏色想成一個直徑約十五公分的發光球體。現在，請他想像這個球體逐漸擴大，直到最後填滿他心中全部的畫面為止。經歷完這個過程後，請他想像球體逐漸縮小，越來越小，直到它恢復到原來的尺寸。現在讓它再繼續縮小，直到變成一顆直徑約兩三公分的小球，然後再繼續越縮越小，最後完全消失。

現在再做一次同一個預想練習，只是這次請對方將他選的顏色想像成是自己身體上的疼痛。

召請

說出一句清楚的宣示，告訴自己某個特質或能量正在降臨。

召請就是「召喚」或「喚請」的意思。召請是應用在冥想上的一種方法，用來召喚任何一種能量或特質降臨在自己身上：

閉上你的眼睛，深度放輕鬆。選一種冥想前的準備動作來做，例如紮穩根基，讓能量動起來，或是開啟能量中心，或是單純進入你的心靈城堡，放輕鬆並深呼吸一陣子。

當你感到放鬆並充滿能量後，就對自己安靜但堅定、清楚地說：「我現在要召喚愛的特質。」然後感覺充滿愛的能量正在接近自己，或是正在從自己心中某處出現，填滿自己的全部，讓你由內而外散發出光芒。接著，如果你想要的話，你可以透過預想和肯定宣言，將這股能量導入任何特定目標中。

你可以使用召請的力量，來召喚任何你想要或需要的特質，例如：

力量
智慧
平靜
憐憫
柔軟
溫暖
思緒清晰
聰明

肯定宣言的使用方法

突破那些關卡，
直到能夠全心全意去注視，
並愛著自己為止。

有很多強力且有效運用肯定宣言的方法，可以為你打造更正向、有力量的形象，並幫助你達成特定目標。

記住，使用肯定宣言時，感覺自己是放鬆的這點很重要。不要認為每次都應該完全得到自己想要的成果，每個過程都有它的時機點與它獨特的展開方式。

在冥想或深度放輕鬆時，尤其是晚上睡前或早上起床後，安靜地對自己念出肯定宣言。

口說式肯定宣言

1. 在一天之中，每當你想起來的時候，就安靜或大聲地對自己說出肯定宣言，尤其是在開車、做家事，或進行其他例行事項的時候。

2. 一邊望著鏡子中的自己，一邊對自己說出肯定宣言。這對利用肯定宣言來提升你的自尊與自愛尤其有用。直視鏡子中自己的眼睛，肯定自己美麗（很帥）、可愛而且是有價值。如果你感到不自在，繼續堅持下去，直到你突破那些關卡，能夠全心全意去注視並愛著自己為止。你可能會發現在這個過程中，某些感覺油然而生，而且獲得釋放。

3. 錄下你的肯定宣言，在家裡或開車之類的時候播放給自己聽。使用你的名字，並試著分別以第一、第二和第三人稱進行，舉例來說：「我，夏克蒂，現在很放鬆，並專注於我自己身上。」、「夏克蒂，你現在很放鬆，並專注於你自己身上。」、「夏克蒂現在很放鬆，並專注於她自己身上。」

或是你可以錄下一小篇講稿，差不多三到四個段落長，描述你預想中的理想自己或是某一個特定情景，當成它好像已經發生了一樣。這個方式也可以利用第一、第二或第三人稱來進行。

書寫式肯定宣言

1. 選出某個肯定宣言，在紙上連續寫十到二十次，一邊寫一邊認真思考每個字的意思。如果你在書寫的過程中想到更好的表達方式，就馬上修改自己的肯定宣言。這是我發現效果最好的方法之一，同時做起來也最簡單。我在本書第四部分特別為這個方式設計了一個章節，裡面有詳細說明。

2. 將肯定宣言寫在紙上或用電腦打字列印出來，貼在家裡或辦公室各個不同的角落，隨時提醒自己。理想的位置包括：冰箱門、電話、梳妝台鏡子、書桌、床頭或餐桌上。

互動式肯定宣言

1. 如果你有朋友也想使用肯定宣言，與朋友一起進行會非常有效。面對面坐著，看著彼此的眼睛，輪流向對方說出肯定話語，並接受它們。例如以下：

俊義：「玉華，妳是一個漂亮、可愛、充滿創造力的人。」

玉華：「是的，我知道！」或是「沒錯，我就是！」

以相同方式反覆十到十五次，然後角色互換，由玉華向俊義說出肯定話語，俊義回答並認同。接著換第一人稱試試看：

俊義：「我，俊義，是一個帥氣、可愛、充滿創造力的人。」

玉華：「是的，你當之無愧。」

多重覆幾次。

記得要真心誠意地說出這些肯定宣言，即使你一開始覺得這麼做有點蠢。這是一個非常棒的機會，你可以藉此將愛與鼓勵付出給另外一個人，真正幫助別人將負面思考轉為正向的能量。

我可以肯定地告訴你，一起完成這個過程後，你們一定會擁有一個更深層、充滿愛的共同記憶……

2. 如果要以比較輕鬆的方式進行，就請朋友經常對你說肯定的話語。舉例來說，如果你想要肯定自己正在學習更自在地表達自己，你可以請一位好朋友經常對你說：「淑芬，妳最近真的很勇於發言，而且都能很清楚地表達自己喔！」

把這個方法當成一種互動遊戲，你一定會發現它很有用。我們都有這種傾向，會自動在朋友對自己所說的話上，賦予很大的力量，儘管它有好有壞。我們的內心都傾向於相信他人眼中的自己。因此，以肯定宣言的形式，從朋友那裡得到強大且正面的評價，效果一定非常好。

3. 開始在日常對話中加入肯定話語——針對自己希望變得更好的事物或人（包括自

己），說出強力且正面的論述。你會很驚訝地發現，只要開始有意識地在日常生活中多說一些正面的話，就足以為自己的人生帶來很劇烈的改變。

有一點要提醒你：使用這個方法的時候，你不應該感覺它和自己的真實感受有所違背。當你感覺到難過或充滿負面能量時，不要勉強自己說肯定話語，不然你會感覺自己是在壓抑自己。請在有建設性的情況下使用這個方法，幫忙改變那些自己不自覺的負面說話模式和潛在假設性想法。

唱歌與哼誦

1. 試著學習唱一些有意義的歌曲，用來表達自己深沉的情感，或肯定自己終究會達成目標。經常聽這些歌並唱出來。
2. 自己寫歌或創作簡單的旋律，並套上自己想使用的肯定宣言。

更多肯定宣言

我正在創造自己想要的人生

接受自己

我完全接受此時此刻的自己。

我愛著現在的自己。

我將自己一切的感覺接納為自己的一部分。

不管我當下感覺如何，我都是個美好且可愛的人。

我一切的感受都不是壞的，它們都是我重要的一部分。

我現在樂意去體會自己所有的感受。

可以將感受表達出來很美好。現在我允許自己將感受表達出來。

當我將感受表達出來時，我很愛自己。

感覺良好

玩樂和開心過生活沒有不好，而且我也正在這麼做！

我喜歡做讓自己感覺良好的事情。

我現在非常放鬆且專注。

我現在感到內在深沉的平和與寧靜。

誕生在這個世界上我很開心，我喜歡活著的感覺。

關係

我的各種關係都是映照自己的鏡子。

我現在正從自己的各種關係中學習。

我和別人的關係正在幫助我療癒和關愛自己。

我在人與人的關係中表現堅強、感受力強且充滿著愛。

我值得被愛以及享受愉快的生活。

我現在準備好接受一段快樂、令人滿意的關係。

我現在已經準備好認真經營自己的關係。

我愛我自己，而且我自然就能吸引美好的關係進入生命中。

我正在吸引自己希望擁有的關係。

對我的靈魂伴侶而言，我現在是非凡的，而且無法抗拒。

在我和＿＿＿＿＿＿之間的所有困難，都正在獲得解決。

我越愛我自己，我就越愛＿＿＿＿＿＿。

我愛＿＿＿＿＿＿，＿＿＿＿＿＿也愛我。

開啟自己的創造力

我現在是一個開放的管道，可以讓創造的能量從身上流過。

我每天都有更多有創意的想法和靈感。
我是自己人生的創造者。
我正在創造自己想要的人生。

Part 4

SPECIAL TECHNIQUES

第四部分

特殊方法

打造每一段幸福關係的祕訣，
在於只去尋找每個人、事、物非凡的一面，
並將剩下的交給上帝。

——亞倫・波恩（J. Allen Boone），《無聲的語言》（Kinship with All Life）

創造預想畫面筆記本

每天花個幾分鐘寫下筆記，你會發現原來自己的內心已經完成了這麼多事情，而且往往比你將時間和精神花在外在的追求上，還要值得一百倍。

準備一本筆記本，當作自己的創造預想畫面練習本，這個方法真的很棒。在這個部分中，我會提供一些你可能有興趣或想寫在筆記本上的書寫練習和技巧。你可以寫下自己聽過或想到的肯定宣言，有需要的時候便能隨時翻閱。這個筆記本可以有各式各樣充滿創意的用途，舉例來說，你可以記錄自己的夢想、目標和想法，寫日誌追蹤自己創造預想畫面的成長點滴，寫下激勵自己的觀念和思想，或抄下別本書或歌詞中有意義的名言佳句，你也可以在上面塗鴉畫畫，或透過寫詩和作曲，傳達自己對世界豐富的感知能力。

我自己就有一個筆記本，固定用來記錄我的目標、肯定宣言、理想情境和藏寶圖，而且，我還發現它是改變我人生非常有價值的工具。

如果你不確定一開始要寫些什麼，以下這些建議供你參考：

1. **肯定宣言**。寫下你最喜歡的肯定宣言。你可以將它們全部寫在同一頁上，或是每一頁只寫一則，在邊邊畫一些裝飾小圖案。如此一來，每當你翻閱這些肯定宣言，停下來想想它們的意義時，自己也會覺得心情很好。

2. **付出清單**。列出所有你可以釋放出能量給世界和週遭其他人的方式，可以是整體而言，也可以是特定的對象。寫出自己對他人付出金錢、時間、愛和情感、感謝、體力、友情、肢體碰觸、特殊才華和能力的方式。隨時想到新的東西，都可以新增到這份清單上。

3. **成功清單**。列出一切你覺得自己目前做得很成功的事，或者過去做得很成功、或人生某段時期成功的事蹟。這包含你生活中的大小各個領域，不要只侷限在工作表現上。寫出每一件對自己而言很有意義的事，即使對其他人的意義可能不大也沒關係。當你想起更多事情，或成功達成新目標時，繼續新增到這份清單上。這張清單的意義在於認可自己與自己的能力，這麼做會給你額外的能量去達成更多目標。

4. **感謝清單**。盡你所能列出每一件讓你覺得特別感激、或是人生擁有它讓你感到十分慶幸的事。當你開始製作並持續更新這份清單時，你會真正敞開自己的內心和意識，發現生命中很多自己擁有卻被視為理所當然的富足。這會讓你在人生各種層面上變得更富裕豐盛，也因此更有能力達成心願。

5. **自尊清單**。列出所有你喜歡自己的優點，以及所有自己擁有的正面特質。這不是所謂的「自我中心」——我的意思是，你對自己的感覺越良好，你就越能夠認可和肯定自己美好的特質，你也會變得更快樂、更受人喜愛，你的創造能量也會更順暢，你也會因此對這個世界帶來更大的貢獻。

6. **自我欣賞清單**。寫下所有你能想到善待自己的方式、你能寵愛呵護自己的方法、能讓自己感到愉悅和滿足的簡單享受。這些獎勵可大可小，但你也要找出一些可以每天輕鬆做到的小事，然後真的每天都去做！這會提升你生活的幸福感和滿足感，幫助你以更純粹清淨的心靈創造自己的人生。

7. **療癒和輔助清單**。在你認識的人當中，如果有人需要療癒或各種特殊類型的支援和協助，在此寫出他們的名字。為這些人寫下特別的肯定宣言。每一次你翻閱筆記本時，就能以這種方式為他們注入一股來自你的特別能量。

8. **夢想與創意想法**。大略寫下任何你對未來的想法、計畫、夢想，或腦中浮現任何天馬行空的點子。即使它們看起來有點牽強，或是你很清楚自己絕不可能真正去實踐也無妨。這麼做可以幫助你放鬆，並激發自己的想像力和與生俱來的創造能力。

你或許會覺得自己無法百忙之中抽空寫一本筆記本。但如果你每天可以花個幾分鐘寫下筆記，或每週花一、兩個小時，你會發現原來自己的內心已經完成了這麼多事情，而且這往往比你將時間和精神花在外在的追求上，還要值得一百倍。

清理法則

一旦你瞭解並接納自己，問題自然就會迎刃而解。

在學習使用創造預想畫面的過程中，你可能會遇到一些自身的瓶頸，阻礙自己獲得最想達成的目標。

所謂的「瓶頸」，就是能量受到阻塞的地方——在那裡無法流動、滯塞不通。通常，瓶頸一開始都是源自於某些受到壓抑的情緒，例如，恐懼、悲傷、罪惡感、自我批判、或是憎恨（憤怒）等，進而導致一個人在精神上、心理上、情感上、或甚至生理上，變得緊繃又封閉。

不管面對哪一種層面的瓶頸都一樣，你需要做的就是，讓該層面的能量恢復流動和暢通。此一祕訣即在於：

1. 在心理與情感上接受自己當下的感受（表現在生理層面上，就是放輕鬆和宣洩出來）。

2. 仔細地觀察，瞭解問題的根源所在——通常都是某種自我侷限的心態或信念。

因此，在處理受到阻塞的意識地帶時，我們首先必須（盡可能完全）去感受被我們困在那裡的情緒，而且要帶著關愛且包容的態度加以對待。如此一來，阻塞的能量就能重新恢復流動，我們也有機會去觀察自己潛在的負面信念或心態是什麼，因為它們往往就是問題的起因。你可以將這些心態仔細檢視一遍，然後讓它們自然地消失。

令人訝異的是，當你找出那些自我侷限的想法，並接納伴隨這些想法而來的感受時，這個過程也就發揮了魔法般的效果。一旦你已經瞭解並接納自己，問題自然就會迎刃而解，最後消失得無影無蹤。

訣竅就在於，帶著**同理心關愛並接納**持有這種想法的自己，同時，釐清自己**已經準備好放開這個想法**，因為它只會帶來侷限、破壞和自我打擊，而且它並是不真實的。

以下是一些常見最普遍且麻煩的核心價值觀：

我並不好……我是個有問題的人……

我沒有價值也不值得什麼。

我在生命中做過一些壞事（或一件壞事），我活該為此受到折磨（受到懲罰）。

人（包含我自己）基本上是邪惡的——自私、殘忍、駑鈍、不可信任、罪惡或愚昧。

這個世界一點都不安全。

世界上沒有夠多的＿＿＿＿（愛、金錢、美好的事物）可以分給每個人，因此：

我必須辛苦奮鬥才能分得一杯羹。

或是

一切毫無希望，我永遠無法得到夠多我想要的。

或是

如果我擁有太多，其他人就會擁有太少。

人生是一種煎熬、折磨和受罪……人生注定不會是有趣或令人愉悅的。

愛很危險……我可能會受到傷害。

權力很危險……我可能會傷害別人。

金錢是萬惡的根源。金錢使人心腐化。

世風日下，而且情況永遠不會好轉。事實上，它只會每況愈下。

我無法控制什麼事會發生在我身上……我無力改變自己的生命或世界的現況。

當你瀏覽這些負面想法時，想想其中有沒有哪一些觀念，正好反映了在自己價值觀或

情感模式背後的假設性想法。

它們看起來都太悲觀了，一口氣讀完這些文字後你可能會這麼想。但事實上，我們每個人或多或少都將上述某些（或其他）對現實人生的負面想法內化為我們的一部分，只是在程度上有所不同而已。

這也就可以解釋，為什麼我們總是賦予這些想法真實感——人類演化至今，這些思維一直在我們今天生活的世界中恣意橫行。事實上，現在這個世界還是依循這些思維在運作，不過值得慶幸的是，這種情況已經慢慢在改變中。

重點就是，我們必須瞭解它們都只是一種想法，而非客觀的事實。雖然有時候我們環顧身邊的人事物，這些想法看起來是那麼的真實。其實這只是因為有太多人都對這些觀念深信不疑，並將之奉為自己的行為準則而已。

想要改變這個世界，你能發揮最大影響力（影響力也真的很大）的方法，就是改變自己對生命本質、人群和現實生活的信念，接著開始依照這些新的思維來生活。

接下來本書會提供你一些轉換觀念的方法。

清理練習

釋放我的過去，
原諒並放開我生命中的每個人。

如果你在實現心中目標的過程中遇到困難，或發現自己內心對達成目標有所抗拒，請試試以下這個練習：

1. 拿出一張白紙，在最上方寫著：「我無法得到自己想要的東西是因為……」然後，立刻開始列出腦海中浮現的任何想法，完成這個句子。不要花太多時間在寫答案上，也不要想得太嚴肅。只要快速寫下心中想到的前二十或三十件事，即使它們看起來有點傻氣或愚蠢也沒關係。你可以像這樣列出清單：

我無法得到自己想要的東西是因為……

我太懶散了。
我沒有那麼多錢。
這種東西不存在。
我以前試過，但最後都失敗了。
媽媽說不能這麼做。
我不想去做。
這對我來說太難了。
我沒有勇氣去做。
——（某個人）會不開心。
諸如此類……

2.再做一次相同的練習，只是這次明確指出你想要的東西是什麼，例如：「我無法找到好工作的原因是……」，接著同上述步驟進行。

現在拿著你的清單，花幾分鐘的時間安靜坐著，檢視剛剛寫下的想法中有沒有哪一個可以引起自己的共鳴……即使自己只是在某個方面或程度上認同這些想法。只要讓自己有個概念，瞭解你對自己和自己的人生設下了什麼限制。

3.現在列一份清單，寫出所有你能想到最負面的態度，無論是關於自己、其他人、感情關係、這個世界或人生。

同樣地，拿著清單安靜坐著，檢視其中有哪些想法可能在你自覺或不自覺中，造成自己的情緒起伏。

在這些練習的過程中，如果你在某個瞬間感覺有種情緒油然而生，你只要讓它自然存在，以完全接納的態度，盡可能讓自己全心全意去體會。或許你會在腦中一閃而過某個早年的經驗，或是一些父母和師長從小灌輸的觀念，可能就是它們形塑了你自己現在的價值觀。

4. 只要你覺得已經完成整個過程，尤其是當你已經面對過某個或多個自己的負面信念，就可以直接撕掉這張清單，將它丟進垃圾桶。這是一種象徵，代表你已經在漸漸放手的過程之中。

接著安靜地坐著，放輕鬆，並說出一些肯定宣言，以更開闊、更有建設性、更正向的思考，淘汰自己那些狹隘和侷限的信念。

以下是一些適用於清理負面信念的肯定宣言：

我正在釋放我的過去。

我現在正在消除一切負面、侷限自己的信念。

我現在在原諒並放開我生命中的每個人。

我不需要試著取悅別人。不論我做什麼，自然都能受人歡迎和喜愛。

我現在放開所有累積下來的罪惡、恐懼、憎恨、失望和忌妒。

我是自由且神清氣爽的！

我所有負面的自我形象與態度都已經消失。我很愛、也很欣賞自己！

干擾我完整表達自己和享受生命的所有障礙，現在都已經消失。

世界是一個美麗的地方。

這個宇宙永遠都能提供我的需求。

更多清理練習

盡自己所能，
原諒這個人的一切，
化解和釋放你們之間所有受到壓抑的能量。

這個練習是關於原諒和放下。

拿出一張紙，針對每一個在你人生中曾經苛待、傷害過你、對你做出不公義行為的人，或者是曾經或當下讓你感到厭惡、受傷或憤怒的人，在紙上寫下他們的名字。在每個名字旁邊，寫出她或他曾對你做過什麼事，或是你討厭這個人什麼地方。

然後閉上眼睛，放輕鬆，分別預想或想像每個人的樣子。和每個人簡短說幾句話，向他或她解釋，過去你曾經對他們感到憤怒或覺得受傷，但現在你會盡自己所能，原諒這個人的一切，以及化解和釋放你們之間所有受到壓抑的能量。給這個人一些祝福，並告訴他：「我現在原諒你，也將你放下了。我們各走各的路，祝你幸福。」

完成這個過程後，在紙上寫下：「我現在完全原諒你，也將你完全放下了，」然後丟掉這張紙，象徵自己已經不再執著於這些過去的經歷。

很多人都發現這個原諒和放手的方法，可以奇蹟般地立刻減輕自己長期承受的負擔以及累積的憎恨和敵意。更棒的是，即使你再也沒有見過這個人，對方也還是能在精神層面上收到你的原諒，他們的人生也會因此感覺被洗滌與整理過了。

如果你是第一次使用這個方法，可能會在面對某些特定對象時，無法真正感到寬慰和釋懷（尤其當對方是你的父母、配偶，或任何你生命中舉足輕重的人）。如果其中有很強烈的情感糾葛或許多銘心刻骨的感受，你可能需要找一位治療師或諮詢者來協談，或是找一個安全的地方盡情宣洩自己的憤怒和傷痛。在我們做到真正接納並表達自己其他的感受之前，我們都不應該勉強自己去原諒。哪天我們真的做到了，通常也就會自然而然地原諒了對方。持續偶爾做做這個練習，最後一定都能獲得解決。（記住，你這麼做是為了自己好，讓自己健康和快樂。）

很多人在完成這個過程後，也奇蹟般地治癒了身體上的疾病。這是因為很多身體問題，像是癌症或關節炎等，都與日積月累的憤怒和憎恨有很直接的關連。

現在寫下你能想到人生中每一個你覺得自己傷害過或苛待過的人，並寫下你對這些人做過哪些事。

再次閉上你的眼睛，放輕鬆，然後輪流想像每一個人的樣子。告訴他或她你對他們做過些什麼，並請求對方的原諒和對自己的祝福。然後想像對方依照你的話這麼做。

在你完成這個過程後，在紙張最下方寫著：「我原諒自己，也寬恕自己所犯的一切錯誤，從此時此刻開始，且直到永遠！」然後撕掉這張紙，把它丟掉。

最終清理法

釋出越多，就越能挪出更多空間，迎接更多美好的事物。

翻閱你的衣櫥、抽屜、儲藏室、倉庫或是書桌——任何你堆放用不到的「東西」的地方，將清出來的物品丟掉，或轉送給其他人。

這個活力十足、明確具體的身體力行，象徵著你在心理上、情感上或精神上也正在做相同的事——清除老舊且沒有用的東西，讓能量得以流動起來，也讓自己的「內在和外在環境變得井然有序」。這個清理的過程會讓你感覺非常舒暢，如果同時加上肯定宣言，效果會更好，你可以這樣說：

我釋出越多，就越能挪出更多空間，迎接更多美好的事物。

我樂於給予，我也樂於接受。

當我清掃和整理外在環境的同時，也從各個層面上清掃和整理了自己的人生。

我正在整理自己生活的秩序，準備迎接一切即將到來的幸福美好。

我要在此感謝一切自己擁有的以及即將來臨的美好事物。

書寫肯定宣言

如果對自己夠誠實，
就會清楚看到那些阻礙自己達成目標的原因。

我現在要介紹的這個方法，曾經在我生命中許多不同時刻，創造出一些最快速且劇烈的改變。這個方法結合肯定宣言和清理法則，巧妙將兩者融合為一。我很喜歡這個技巧，因為它非常簡單，做起來也容易，卻又能觸及很深刻的心靈層次。

書寫肯定宣言是一種充滿能量的方法，因為書面的文字能對心靈造成極大的影響。我們在書寫的同時，也一邊閱讀，就像是一次擁有雙倍的能量。

任選一個你想使用的肯定宣言，在紙上連續寫十到二十次。加上自己的名字，試著以第一和第二、第三人稱寫出來。(例如：我，小明，是一個成功的歌手和作曲家。小明，你是一個成功的歌手和作曲家。小明是一個成功的歌手和作曲家。)

不要只是機械式地抄寫，寫下肯定宣言的時候，也要真正去思考這些文字的意義。留意自己在寫肯定宣言時，是否出現任何排斥、懷疑的感覺或負面的想法。每當你有這種傾向時(即使只是稍微有點感覺)，將紙張翻過來，在背面寫下你的負面想法，這個肯定宣言為什麼無法說服自己，或為什麼行不通等。(舉例來說：我真的還不夠好。我太老了。這絕對行不通。)然後翻回正面，繼續完成你的肯定宣言。

當你寫完後，翻到紙張背面看一下。如果你剛才對自己夠誠實，就會清楚看到那些阻礙自己達成這個目標的原因。

記住這些原因，並想想可以利用哪些肯定宣言，幫助自己克服這些負面的恐懼或信念，然後開始寫下這些新的肯定宣言。舉例來說，如果你其中一個負面想法是：「我永遠無法超越我父親的成功，」肯定宣言就可以寫：「我父親對於我的成功感到驕傲且欣慰。」如果你覺得原來的肯定宣言就夠好了，不妨就繼續使用，或稍做修改，讓意思變得更精確。

每隔一到兩天就寫一次肯定宣言，並持續做幾天。一旦你感覺已經摸透自己負面思維的運作模式，就不用再寫下這些想法，只要專注於寫出肯定宣言即可。

我自己的經驗是，經過這一道清理的程序後，不論我的肯定宣言是什麼，往往都能出奇快速地實現。而且這麼做，我通常會獲得許多洞察自己思考模式的寶貴經驗。

訂定目標

對於得到生命中想要的事物，
或許最棘手的地方就在於，
要找出什麼是自己真正想要的。

對於得到你生命中想要的事物，或許最棘手的地方就在於，找出什麼是自己真正想要的！而且這也絕對是最重要的一部分。

我在自己的人生經歷中發現，一旦我有很清楚且強烈的意圖去得到某個東西，往往都可以快速又輕鬆地達成願望。這種感覺就像是自己的意識「茅塞頓開」，我突然強烈地感覺到自己想要什麼，也同樣強烈地感覺到我將要得到它……。這通常需要經歷一定時間過程，也會費一些力，才能迎來豁然開朗的一刻。而且，在你體會到「茅塞頓開」的前一刻，你往往會感到困惑、絕望和無能為力等等，當時我還是熬過來了。所以，你也不用太擔心，最黑暗的時刻就是黎明的前夕。

我人生中最極端的例子，就是我為了釐清自己尋找人生伴侶的真正目的，曾歷經長達十年的深度情感療癒。當時我自認為已經準備好要去尋找另一半，但卻發現自己還有很多深層的恐懼和矛盾。當我終於有意識地去認可這些感受，並試著撫平內心的恐懼和舊有的情感模式，這件事的目的就立即變得清晰明確。三週之後，我就與一個男人墜入愛河了，他就是我現任的先生！

訂定目標的過程本身，也有助於你找出自己人生想要的東西。我常常發現使用紙筆做練習很有幫助，我想特別在此與你分享。在你訂定目標的時候，有一些要點請謹記在心。記住，訂定目標不代表你必須牢牢固守目標。只要你想要或覺得有需要，都可以隨時改變。

還要記住，訂定目標不代表追求的過程中你必須格外努力、奮鬥或掙扎。這麼做也不代表你必須在情感上執著於得到好的結果。相反地，訂定目標可以讓你的生活過得更輕鬆、更不費力又更愉快。生命的本質就是流動和創造性的，而目標可以給你一個清楚的焦點與方向，讓你注入自己與生俱來的創造能量，進而促使你對他人付出，並做出貢獻，然後為自己的人生帶來更多幸福和滿足感。目標的存在，是用來幫助和支持你達成自己真正的理想。

訂定目標的時候，不妨秉持這樣的精神，將人生想成一場很好玩的遊戲，而且報酬也十分優渥。不要以太沉重或嚴肅的心情去看待它。不過同時，你也要賦予目標足夠的份量和重要性，它們對你才有實質上的意義。

你可能會發現訂定目標這個過程，會讓自己在情緒上產生一定程度的抗拒。這種經驗可能以各種不同的形式出現，好比說，試圖訂定目標的這個想法，可能就會讓你感到意志消沉、毫無希望或被壓得喘不過氣來。或者，你可能會想藉由吃吃喝喝、睡覺或從事其他活動，以分散自己的注意力。這些情緒反應（前提是你有這些反應）都是一些線索，說明你正在避免讓自己得到生命中想要的東西。這時候重要的是，你要勇敢往前走，去經歷這些感受和反應，克服它們，然後繼續未走完的道路。等你親身經歷過後，你會發現一切都很值得。

接著同樣地，整個過程裡你都會樂在其中，並發現沒有太多侷限、好玩又啟發人心。

我希望對你而言真的是如此！

不要將選擇目標這件事，弄得很複雜或看得太事關重大。從簡單與明顯的目標開始。

記住，你永遠可以在一路上不斷改變、不斷發展自己的目標。

練習

你必須對自己完全誠實

1. 請坐下來，拿出一張紙和一枝筆，寫出以下幾個類別：

個人成長／教育

工作／職業

人際關係

自我表達

金錢

生活方式／個人所有物

現在，記住你目前的生活情況，在每個類別下方寫出一些自己近期內想要擁有、改變或改善的事物。不要太用力想，你只要寫下任何浮現在心中有可能成真的想法。

這個練習的目的在於讓你放輕鬆，以及思考自己在生命各個領域中，想要的東西分別是什麼。

2. 拿出另一張紙，在最上方寫著：「如果我可以成為自己想成為的人、做自己想做的事、並擁有自己想要的一切，這就是我的理想狀況。」

現在列出和上述相同的七個類別，在每個類別下方，寫出一或兩段文字（或想寫多少就寫多少！）描述你生命中最理想的狀況，盡情發揮自己的想像力。

這個練習的目的在於讓你超越現況的各種限制，將自己拉得更寬、更遠。因此，就把一切都交給你的想像力，真正讓自己擁有想要的一切。

當你完成之後，再新增一個類別——**世界現況／環境**。寫下如果你有改變環境的力量，你希望在有生之年看見世界發生什麼改變，例如，世界和平、終結貧窮、人類更關心彼此跟世界、與大自然和諧共存、學校變成好玩的學習場所、醫院真正發揮治療的功能等等。在這個類別中，你可以盡情發揮創意，或許你還會發現自己各式各樣以前想不到的有趣想法。

現在，重新再讀一次所有的文字，並花一點時間進行冥想。在心中描繪一幅畫面，想像自己住在一個美麗的世界，並過著美好的生活。

3. 再次拿出一張全新的白紙，找出你剛才創造的理想情境中看起來最有意義的部分，列出人生中最重要的前十個或前十二個目標，感覺它們此刻真的存在。記住，你可以隨時變更或修改這份清單（而且你也應該每隔一段時間更新一次）。

4. 現在寫下「我的五年目標」，並列出接下來五年內你最想達成、最重要的目標。

你不妨以肯定宣言的形式寫出自己的目標，就像這些願望都已經實現了一樣。這可以為你帶來更清楚且強大的效果。舉例來說，你可以這樣寫：

我在鄉下有一塊二十公頃的土地，
裡面有一棟美麗的別墅，
還有一些果園、一條清澈小溪和很多小動物。
我主持許多研討會也進行許多場演講，
台下的觀眾都充滿熱忱和善意，
我現在的生活輕鬆又豐富。

撰寫目標的時候，務必寫下對自己來說真實且有意義的事物，也就是你真正想要的東西，而非你認為自己應該想要的。你的目標沒有必要讓其他人知道，除非是你自己想說。另外，在這個過程中你必須對自己完全誠實。

5. 反覆練習上述訂定目標的過程，持續一年的時間。不要一口氣訂下太多目標。如果一開始有太多要取捨，就先選出五到六個最重要的，其他全部刪除。檢查這些目標是否與自己的五年目標方向一致。換句話說，要確認兩邊在整體上朝著相同的方向前進，如此一來，當你達成了單年度目標，同時也距離自己的五年目標更進一步。舉例來說，如果你的五年目標之一是要擁有自己的事業，你其中一個單年度目標可能就是累積一定額度的資金，或是從事相關領域的工作，並從中學習未來一定需要的經驗。

現在，分別寫下從現在起未來半年、一個月與一週的目標。還是那句老話，盡量保持簡單，選出對你最重要的三到四個目標即可。對於自己在短期內能完成多少目標，抓的實際一點比較好。同樣地，請確定這些短期目標與自己的長期目標方向一致。

你可能會覺得很難精確地描述未來說不準的事情，也可能對於事先計畫感到不自在。然而，你只是擬定計畫，並不代表必須完全執行。事實上，這些計畫在未來一定還會做出很大的更動。這個練習的目的在於：

1. 練習如何訂定目標。
2. 瞭解如果你真心希望，你的夢想就有可能成真。
3. 接觸你生命中某些重要的目的和方向。

我建議你將目標寫在你的預想筆記本上。每隔一段時間，或許是每幾個月，或是在你覺得這麼做可能會有幫助的時候，拿出自己的筆記本，坐下來，找其中一些練習重新做一次，並依照需求修改和整理自己的目標。記得寫下你每次修改的日期，並將你的目標清單依序列好。未來當你回過頭來，看到這些目標逐漸演變的歷程，一定會覺得非常有意思，並且獲益良多。

幾個整體原則

在追求或實現目標的過程中，
如果經常遇到瓶頸，
可能是有一些不自覺的思維模式綁住自己。

1. 就短期目標（一星期或一個月）而言，盡量保持簡單和實際——選擇你非常確定自己可以達成的目標，除非你特別想要挑戰高難度（有時候這樣也非常好）。面對越長期的目標，格局就可以放得越大，你也能發揮更多想像力，自己的視野也會隨之不斷地擴展。

2. 當你發現自己沒有達成某些目標（這是難免的事），不要苛責自己或假設自己已經失敗了。你只要清楚向自己坦承沒有達成目標的事實，然後決定要繼續，還是放棄這個目標；也就是說，決定你要再給自己和這個目標一次機會，還是想放手尋找下一個目標。這一點是最重要的，你必須向自己確認這些未達成的目標。否則，它們會累積在自己心中的陰暗角落，你會不自覺地感到自己「失敗了」，最後就會開始逃避訂定目標這個想法。

3. 當你發現，你已經達成某個目標，即使有點微不足道，也一定要向自己確認這個事實。拍拍自己的肩膀，至少享受一下片刻的成就感。事情往往都是這樣，我們已經達成自己的目標，卻連意識到或享受自己已經成功的事實都忘了！

4. 不要一口氣抓住太多。訂定讓自己感覺良好的目標，如果你感覺被壓得喘不過氣、混亂或挫折，請簡化自己的目標。你可以一次只專注在人生的某一個領域上，例如自己的工作或感情。訂定目標的最終目的，是要幫助你更懂得享受生活。

如果你訂下很多目標卻無法達成，很可能是你將標準設得太高、過於不切實際；或者它們並不是你真心想要的東西，因此你缺乏內在真正的意圖去追尋。你選擇的目標，必須是自己真心喜歡、想要且實際可行的。

在追求或實現目標的過程中，如果你經常遇到瓶頸，可能是因為你有一些不自覺的思維模式綁住自己。我建議找一位好的治療師或成長團體，幫助你做一點情緒療癒。我們所有人都會有需要外在協助與支持的時候。

也請記住，有些時候適合訂定目標，有些時候就要勇敢放手。你只要相信生命的流動，讓它將你帶向自己必須前往的地方就行了。

理想情景

透過寫下來的文字，可以幫你更清楚瞭解自己真正想要的是什麼，並協助你去實現它。

創造預想畫面有各種呈現方法，可能是心靈圖像、口語表達、文字書寫，或是實質的影像或圖畫（請參照下一節的「藏寶圖」）。任何能幫你創造一幅清晰藍圖，進而真正實現的方法，都是創造預想畫面的好幫手。

這個練習將透過寫下來的文字，幫你創造一幅清晰的圖像。這個過程本身，可以幫你更清楚瞭解自己真正想要的是什麼，並協助你去實現它。每次面對重大目標時，我自己就會採用這個方法。

先想好一個對自己很重要的目標，長期或短期目標都可以。

盡可能以一句話清楚寫出這個目標。

現在，在這句話下方寫著「理想情景」，然後開始描述當自己完全達成目標時，希望呈現什麼樣的情景。請用現在式來描述，將這個場景視為已經存在的事實，詳細寫出所有自己喜歡的細節。

當你完成後，在最下方寫著：「這件事，或某件更好的事，現在以讓人完全滿意且和諧的方式，實現在我的生命中，讓所有人得到最大的幸福。」然後加入任何你喜歡的肯定宣言，並簽上自己的名字。

接著，安靜地坐著，放輕鬆，讓意識進入冥想狀態，預想你的理想情景，並說出肯定宣言。

這張有你描述理想情景文字的紙，可以放在你的筆記本中、書桌上、床邊或掛在牆壁上。平常就讀一讀，有必要的時候，做一些適當的修改。多利用冥想的時段來思考自己的理想情景。

還有一個小提醒，如果你將這份理想情景收在抽屜裡，忘記了它的存在，你很可能會在某一天驚覺，不知怎麼地它已經實現了！而且你也完全沒有主動為它注入任何能量。

我回顧自己舊有的目標、理想情景和藏寶圖時，往往都會有出乎意料的發現，那些自己壓根兒忘了的事，早已像魔法般實現在自己的生命中了。

藏寶圖

塑造出一幅非常清楚且鮮明的圖像，
這會吸引並聚集能量，
流入你的目標當中。

製作一張「藏寶圖」是個效果絕佳的方法，而且做起來也極富趣味。藏寶圖就是將你渴望成真的情景，實際且具體以一張圖畫呈現出來。藏寶圖非常有用，因為它可以塑造出一幅非常清楚且鮮明的圖像，這會吸引並聚集能量，流入你的目標當中。藏寶圖所扮演的角色，就像是一棟建築物的藍圖。

你可以利用素描或水彩的方式製作藏寶圖，或者做成拼貼畫，從雜誌、書籍或卡片、照片、圖畫中，剪下自己喜歡的圖片或文字。不用擔心自己的藝術造詣不夠好，簡單又帶有童心的藏寶圖，效果也絕不遜於出自大師之手的作品！

基本上，藏寶圖應該呈現你身處在自己的理想情境中，目標也已經達成的畫面。

以下這些要點，能幫助你做出最有效的藏寶圖：

1. 製作藏寶圖時，請針對單一目標或生活中單一領域。如此一來，你不需要弄得太複雜，就能確保自己涵蓋一切所需的要件。比起將所有目標放在同一張藏寶圖上，你的心思可以更清楚且輕鬆地專注於這個目標。你可以做一張感情關係藏寶圖、一張工作藏寶圖和一張心靈成長藏寶圖，諸如此類。

2. 藏寶圖可以做成任何自己覺得方便的大小。這份藏寶圖，你可以夾在筆記本中、掛在房間牆上，或是隨身放在口袋或包包裡。我通常都用厚紙板來做藏寶圖，比起一般紙張較不容易折損。

3. 記得將自己也放進藏寶圖中。貼上自己的照片可以帶來非常實際的效果。不然就在圖中畫一個自己，畫出你成為自己想成為的人、做自己喜歡做的事、或達成夢寐以求的心願，例如，環遊世界、換一身全新的行頭，或是成為一位讓自己倍感驕傲的新書作家。

4. 展現一個情境最理想且最完整的狀態，就好像它已經是存在的事實。你不需要指出事情將會如何發展，這個情境已經是最終的完成品。另外，記得不要加入任何負面或讓人反感的東西。

5. 藏寶圖的顏色越豐富越好，這可以增強它對自己意識的影響力。

6. 讓自己出現在現實的情境中，能讓自己感覺越真實可信越好。

7. 加上一些對自己有意義或有影響力的永恆象徵。例如十字架、耶穌、佛陀、一個散發光芒的太陽，或是任何代表宇宙或上帝的符號。這是一種認可和提醒，告訴我們一切都來自一個永恆的源頭。

8. 在藏寶圖中加入肯定宣言。例如：「這時我正開著新買的油電混合車。」別忘了也要加上這個肯定宣言：「這件事，或某個更好的事，現在以讓人完全滿意且和諧的方式，實現在我的生命中，讓所有人得到最大的幸福。」

製作藏寶圖這個過程，在實現目標上是深具影響力的一步。現在你只要每天花幾分鐘，安靜地看著它，平常想起的時候就思考一下。你該做的就是這些。

將自己塑造成你想呈現出來的樣子

藏寶圖的參考樣本

以下是一些製作藏寶圖的參考靈感，希望可以藉此激發出你的想像力。

健康

塑造出自己容光煥發、健康、積極、美麗或帥氣的形象，而且正在參與各種代表自己健康狀態完美良好的活動。

體重或身體狀況

展現自己擁有完美的身型，對自己感到自信又自在（從雜誌上剪一張和自己瘦下來的樣子最接近的人物照，然後將你的頭貼在這人的身體上！）。你可以在圖片周圍畫一些氣球狀的對話框，就像卡通人物一般從嘴巴說出一些話，來表達你當下的感受，例如：「我現在的體重是56公斤，我感覺非常美好，整個人神采飛揚，我的身體狀況也非常理想。」

自我形象與美貌

將自己塑造成你想呈現出來的樣子，例如：美麗、俊俏、放鬆、享受人生、溫暖且可愛。再加上一些代表這些特質的文字說明和圖像符號。

人際關係

在藏寶圖貼上你自己、朋友、情人、丈夫、妻子、家人或同事的照片，旁邊加上一些圖片、象徵標誌或肯定宣言，展現出你現在很快樂、充滿愛的能量、願意溝通、正在享受一段深刻且美好的生活，或任何你覺得或希望某段關係應該呈現的樣貌。

如果你正在尋找一段新戀情，針對希望自己的對象或這段感情擁有哪些特質，找一些有代表性的圖片和文字；將自己和理想的另一半放在藏寶圖上。

工作或職業

表現出自己在做真正想做的事、身邊的同事都很有趣且和善、自己賺了很多錢（精確寫出自己想要的數字）、工作地點也符合你的理想，以及任何其他相關細節。

創造力

利用各種象徵圖形、顏色和圖片，顯示自己的創造力真正施展開來。展現出自己正在從事和實現充滿創意、美好又有趣的事情，並對此感覺非常良好。

家人與朋友

針對你的家人或朋友，展現出他們和你以及彼此之間，保持完全和諧、互相關愛的關係。

旅行

讓自己置身於任何你想去的地方，而且擁有很多時間和金錢去享受當地的風土民情。

以此類推，你應該抓到訣竅了，希望你覺得很有趣！

健康與美貌

改變自己的信念，以不同的方式對待自己和世界，就會在身體外觀上帶來深刻的影響。

利用創造預想畫面來增進和維持健康、體態和外貌，做法有很多種。所有事物也都適用於這個原則：我們在精神和情感上的態度，將決定自己的健康和吸引力。因此，改變自己的信念，以不同的方式對待自己和世界，就會在身體外觀上帶來深刻的影響。

我之前提過製作藏寶圖對我們各個人生領域所帶來的好處。以下我還要提供一些我個人很喜歡的方法，我相信你也會找到更多屬於自己的方式。

體能運動

不論你從事的是哪一類型的運動，你都可以利用創造預想畫面和肯定宣言，幫助自己從中獲得最大的益處和享受。不管是在運動過程中，或是在其他時間，例如靜坐冥想或休息時，你都可以使用創造預想畫面。

舉例來說，如果你喜歡跑步，就想像自己跑步非常輕盈、流暢又游刃有餘的樣子。一邊跑步一邊想像，自己的每一步都是最大幅度的跳躍，輕鬆跨越過很長的距離，就像要飛起來一樣。在放鬆休息時，對自己說一些肯定話語，告訴自己，你每天都跑得更快、身體更強壯、體態更優美。如果你的目標是包括參加比賽，那就想像自己贏得比賽的場景。

如果你做的運動是跳舞或瑜珈，請一邊運動，一邊有意識地去感知自己的身體和各部位的肌肉。想像它們處於放鬆和伸展的狀態，並感覺自己的身體變得越來越靈活與柔軟。

多利用創造預想畫面來增進運動表現，尤其是那些你最喜歡的運動。想像自己每天都進步一點，直到有一天自己變成真正的高手。

美麗療程

定期為你自己做一些事，讓自己感覺特別受到呵護，善待自己的身體。利用創造預想畫面，你可以將每天的例行事務，變身成一種美麗療程。

例如，你可以泡熱水澡或淋浴，想像蒸騰的熱水讓人感到完全放鬆、舒服暢快，並且療癒身心。想像所有的問題漸漸融化或被沖洗乾淨，在你的身上沒有留下任何雜質，唯一保存下來的，是自己從內在自然散發出的光芒。

替臉和身體擦上化妝水和乳液，給自己無微不至的呵護與關愛，運用肯定宣言，肯定自己的肌膚變得越來越水嫩光滑，比以前任何時候都還要漂亮。在洗頭的時候，記得專注於當下洗頭的過程，肯定自己的髮絲比以前任何時候都更加豐盈、閃耀和健康。刷牙的時候，在心裡肯定自己的牙齒強壯、健康又美麗。以此類推。

飲食儀式

我們越是害怕某些食物，
往往也越容易無法克制地想去吃，
進而造成內心的壓力和衝突，
最終導致我們最害怕的結果——發胖和生病。

講到食物，很多人都會有負面的聯想。我們害怕吃進肚子裡的食物會讓自己發胖，或是讓自己生病（或變得不健康）。但是，我們越是害怕某些食物，往往也越容易無法克制地想去吃它們，進而造成內心的壓力和衝突，最終導致我們最害怕的結果——發胖和生病。

而且，很多人在進食的當下都沒有什麼意識。我們忙著談論或思考其他事情，根本無法好好享受食物本身美好、令人滿足的味道，以及當中富含的營養。

飲食絕對是一種如魔法般的儀式，一種令人驚異不已的過程。它能將宇宙中各種形式的能量，轉變為構成身體所需的養分。在進食的當下，我們所有的思考和感覺都具有神奇的力量。

以下這個儀式，可能的話請每天至少練習一次，不論你吃的食物是什麼都沒關係：

坐下來，將食物擺在你的前方。暫時閉上眼睛，放輕鬆，然後做一次深呼吸。靜靜地在心中感謝宇宙賜予你這份食物，並感謝所有協助提供這份食物的人事物，包括植物、動物、種植或飼養它們的農夫，以及為你準備食物的人等等。

張開眼睛並看著你的食物，認真地觀察它的外觀以及它聞起來的味道。然後開始一點一點細細品嘗，用心體會並享受味蕾的饗宴。在進食的過程中，在心中靜靜地和自己聊聊天，並告訴自己，這份食物正在轉變成生命能量，等待你去使用。告訴自己，你的身體正在利用一切它需要的能量，同時輕鬆地過濾掉不需要的部分。想像自己因為吃了這份食物，變得更加健康且美麗，不論你先前對這個食物的觀感是好是壞，都請你這麼做。

可以的話，請細嚼慢嚥，感到滿足了就不再進食，然後花一點或一些時間，感受胃部散發出一股幸福、溫暖的光芒，這代表它現在感到快樂又滿足。

你越常記得以這種方式去認識食物，就越能打造更美、更健康的自己。

以下這個儀式更簡單：

在晚上睡覺前、早上醒來後、或在一天中找個時間，為自己倒一杯微涼的開水。接著坐下來，放輕鬆，然後慢慢地喝水。一邊喝水的時候，一邊告訴自己，這杯水是長生不老的神奇藥水和青春泉源。想像它正在洗掉你身體內所有的雜質，並且為你帶來能量、生命力、美貌和健康。

關於健康和美貌，以下是一些很值得參考的肯定宣言：

我每天都變得更健康且更有吸引力。

我做的所有事情都能增進我的健康和美麗。

我吃的所有東西都能增進我的健康、美貌和吸引力。

我善待自己的身體，我的身體也以相同的方式回饋我。

我現在線條精實、身體強壯，不論我做什麼，我都處於最完美的狀態。

我每天都變得更強壯、更有力量。

不管是什麼時候，現在的我只想吃那些對我最好的食物。

我只渴望自己身體真正需要的食物。

我越愛自己、越欣賞自己，就會變得越漂亮。

我身上充滿男人（或女人）無法抗拒的吸引力。

我愛自己身體現在的樣子。

最真實的我天生就很有吸引力。

團體創造預想畫面

團體的能量匯集起來，自然就能變得很有影響力。個人的能量，往往也能用來支持其他人。

我在書中提供的大部分方法，都可以輕鬆套用在團體上。以團體的形式進行創造預想畫面其實很理想，因為團體的能量匯集起來，自然就能變得很有影響力。個人的能量，往往也能用來支持其他人，在這種情況下，凝聚合一的力量，會更勝於單一力量的總合。不論你身處在什麼團體中，可能是你的家庭或一群好友、工作上的夥伴、某個社交網絡、教會或心靈團體、工作坊或課程，你都會發現不管是想達成團體目標，或單純更深入認識彼此，創造預想畫面都可以提供各種你需要的工具。

以下是一些能以團體形式進行的創造預想畫面方式：

唱歌和吟誦

選一些意境相符的歌曲或頌詞，傳達你們想要對自己、對這個世界創造或宣揚的感受、思考或態度。音樂深具喚醒人心真正去改變的感染力。

冥想和想像

選定一個目標或畫面，讓每個人靜坐下來冥想，全部的人一起預想和肯定這個目標一定會實現。大家一起做的效果，一定會出乎你的預期！

製作藏寶圖

訂定一個團體目標，然後讓每個人做一張自己的藏寶圖，或是所有人共同完成一份藏寶圖。或者你甚至可以指派某個人負責這項任務！

肯定宣言

兩兩一組練習肯定宣言，我在「如何使用肯定宣言」的章節裡提過雙人肯定宣言的做法；或是讓團體中所有人一起大聲念出肯定宣言。

療癒

以團體的形式進行療癒，絕對是超值的體驗。你可以參考本書中提到「療癒冥想」的部分。

情感關係的創造預想畫面

與我們交往的人，永遠就像是一面鏡子，反射出我們的思想，同時我們也是對方的鏡子，反映出他們的意念。

創造預想畫面最有價值的用途之一，就是用來改善我們的感情關係。因為人與人之間在太多層面上都對彼此非常敏感，我們尤其容易相信和接受自己套用在對方身上的想法。而正是這些想法與它們反映出來的潛在心態，形塑出我們與他人之間的關係，並且決定一段關係的好壞。

在一段感情關係中，就像其他任何事情一樣，我們得到的永遠是自己內心深處真正相信、期待與「要求」的東西。與我們交往的人，永遠就像是一面鏡子，反射出我們的思想，同時我們也是對方的鏡子，反映出他們的信念。與自己以外的另一個人發展一段關係，是讓自己成長最有力量的方法之一。假如我們誠實地檢視自己的所有關係，就能發現，這些關係被創造出來的樣貌，其實處處受到我們的影響。

請抱持著完全負責的態度去看待你的關係。假設你的這段關係發展到現在的情況，都是你自己這方面的責任，即使看起來對方似乎應該為某些事情負責，都暫且不論。如果這段關係中有讓你不甚滿意之處，問問自己為什麼，還有怎麼會讓它發展成現在這個樣子。不過，請牢記在心，為自己的人生負責，並不等於將人生或一段關係中出現的問題，都怪罪到自己身上。*試著去找出，到底是自己哪些核心信念，造就了這段讓自己不怎麼感到滿意、幸福和親密的關係。讓自己一直這麼不開心的回報是什麼？（你做的每件事都一定有回報；否則你根本不會想去做。）

---

*關於如何釐清責任與自責之間的差異，請參考筆者另一著作《蛻變之路》（The Path of Transformation）。

如果你真心渴望在人生中擁有令你深感滿足和幸福的關係，如果你相信你有可能做到這件事，如果你願意接受這些關係帶來的快樂和滿足，那麼你一定可以、也一定能夠創造出令你自己滿意的關係。

以下這些做法可以幫你促進彼此之間關係的發展：

1. 檢視在這段關係中，你的目標是什麼。你真正想從這段關係中得到的是什麼？將所有層面，包括生理、情感、心理和精神層面都納入考量。以文字寫下你理想中的情景，或是畫出一張藏寶圖，描繪你想像中這段關係最完美的樣貌。

2. 誠實、仔細地檢視自己，找出是哪些觀念或心態，在阻撓你創造自己想要的東西。你可以使用任一種清理法則，幫忙找出那些限制自己的心態和想法。舉例來說，你可以寫：「我無法和＿＿＿＿維持理想的關係，原因是……。」接著寫出所有浮現在腦海中的答案。

3. 利用肯定宣言和視覺圖像改變自己的負面信念，並開始預想和創造出充滿愛的能量、和諧圓滿的關係。

4. 利用創造預想畫面改善一段困難的關係。舉個例子來說，你無法和某個人融洽地相處，你希望與這個人之間的關係可以變得和睦一點的話，你可以試著這麼做：放輕鬆，進入深沉、平靜的冥想狀態，然後開始想像你們敞開心胸，坦率、並且有建設性地與彼此溝通。想像你對這個人說出你們必須溝通的事，好清理兩個人之間的關係。想像這個人聽得到、也聽進去了，接著換他或她說出自己必須說的話，這次換你當傾聽的一方。

如果有需要，就重覆這個練習。如果你的渴望和意圖都源自真心，也願意敞開心胸做改變，你會發現你們之間的關係變得越來越輕鬆，而且暢通無阻，對方似乎也變得更可親可愛、更容易溝通。最後你會發現，問題自然而然就解決了，方式雖然可能各有差異，但對所有人都一定是最好的結果。這個解套的方法，可能需要實際上與對方做一次真正溝通，或者也可能不需要。

5. 互相對彼此說出肯定話語，有助於大幅改善兩個人的關係。當然非常重要的一點是，彼此在溝通的時候，都要誠實講出自己真正的感覺，包括自己喜歡什麼、不喜歡什麼，以及想要的是什麼。然而，與其不停地埋怨對方的缺點和弱點，還不如試著約定對彼此說出肯定話語，認同對方正在成長和進步，變得更加成熟有智慧。因此，與其跟對方說：「為什麼每次我講話的時候，你都非得要插嘴不可？」，你或許可以在適當的時機提出：「在你耐心聽我說話的時候，我心裡真的很感激。」如此一來，你不僅是以很委婉的方式，提醒對方要做一位更好的聽眾，同時，你也開始改變對方在你心目中的形象，甚至是對方在他自己心目中的形象。

對於正在發展中的關係，我們和對方都太常被困在設定好的某一種角色或形象中，而且要改變很困難。這就像是將自己和對方各放在一個貼上標籤的特定盒子裡。我們覺得這樣非常狹隘且侷限，但卻一直不知道要如何從這個盒子中跳出來。

創造預想畫面這時就是一種有用的工具，能幫助我們超越自己原來的角色和刻板印象。請開始預想並肯定自己和對方的新形象，在每個人身上與各種情況下發現正向改變的潛力，並透過創造預想畫面給予這個正向改變更多能量和支持。

不過，也請記住，人與人之間的關係非常錯縱複雜。我們的各種關係會完美地反映出自己的內在歷程；它們就像一面面效果極佳的鏡子，能幫助我們看清楚自己成長的下一步。因此，如果一段關係中的障礙遲遲無法突破，這就是一個訊息，代表我們還需要一些更深層的療癒。這時，我強烈建議大家找一位好的治療師或諮商師，幫助自己看清楚，在這段關係中所出現的問題，是要教自己學會什麼。

Part 5

LIVING CREATIVELY

第五部分

讓生命充滿創造力

唯一真正成功的表現，
是可以對自我意識
帶來改變與成長的；
也就是說，它會更充分地體現上帝或彰顯祂，
同時以某個形式表現於外。

——大衛・史班格（David Spangle），《表現》（Manifestation）

創造力意識

你可以盡情、完整、自然地做自己

創造預想畫面不只是一種手段；它最終會成為一種意識狀態。在這種意識下，我們深刻瞭解自己一直是這個宇宙的創造者，而且必須時刻肩負這項責任。

我們和上帝之間是沒有隔閡的；我們這樣狀態的存在，就是神在創造力法則下的彰顯。所謂的不足或匱乏都並非真實；我們不需要試圖達成或吸引什麼；我們自己本身就具備一切所需要的潛力。

透過創造預想畫面達成心願，就是實現我們天賜的潛力，並將之具體顯現於外在世界的過程。

追求自己的更高目的

人類最基本的需求之一，就是為這個世界和自己的同胞做出正面的貢獻，以及增進與享受我們的個人生活。我們每個人都擁有很多，可以付出給世界和彼此，而且每個人都有專屬自己特殊且獨特的方式。我們自己個人的幸福感，在整體上來說，取決於我們所做的貢獻多寡。

我們每個人一生都會做出一個重大的貢獻。它可能涉及很多事物，也可能只是一件非常簡單的事，我將這種貢獻稱為生命更高的目的。這個目的一定包含以下特質：你可以盡情、完整、自然地做自己；你做的這一件或很多件事，都是你真正喜歡做的；你天生就擁有這方面的才能。

我們內心都很清楚自己更高的目的是什麼，但往往都不會有意識地去加以承認，甚至對自己也是一樣不承認。事實上，大多數人似乎都竭盡所能地將它藏起來，不讓自己和世界看見。我們總是害怕、也試圖規避一旦自己承認並說出生命真正的目的後，隨之必須面對的權力與責任。

在你開始使用創造預想畫面後，你會發現自己越來越能理解並察覺自己人生更高的目的。留意那些反覆出現在夢境、目標和奇想中的基本元素，那些你從目前正在做或創造的事物中發現的特定特質。這些都是重要的線索，它們透露出的就是你人生潛在的意義與目的。

在使用創造預想畫面的過程中，你會發現，在自己的方向和人生更高的目的越來越一致的時候，你就越有能力真正達成心願。如果你試著想達成某個目標，卻似乎怎麼都行不通時，這個目標可能就不符合你人生潛在的目的和意義。請你耐心等待，並繼續傾聽自己內心的聲音。等以後回想起來，你會看見一切其實都在完美地進展著。

你的人生就是你的藝術品

人生的每一刻都代表著一個新的機會、新的決定，我的人生就是我最棒的傑作。

我喜歡將自己想成一位藝術家，而我的人生就是我最棒的傑作。每一個時刻都充滿創造力；每一個屬於創造的時刻都蘊含無窮無限的可能。我可以依照自己習慣的方式生活，或是找出各種不同的可能性，從中選擇並嘗試一些新穎、有別於以往、到最後可能更值得的事物。每一刻都代表著一個新的機會、新的決定。

我們全都是這個美好遊戲的玩家，也是這個偉大藝術品的創作者……

我們正置身其中的，是這麼一個好玩的遊戲，這麼一個偉大的藝術品……

每一天，都是全新的時刻
用創造預想畫面探索內在的自己，得到生命中所真心渴望的

Creative Visualization:
Use the Power of Your Imagination to Create What You Want in Your Life

作者　夏克蒂・高文（Shakti Gawain）
譯者　陳韋儒
總編輯　汪若蘭
編輯　李佳霖
版面構成　張凱揚
封面設計　李東記
行銷企畫　高芸珮

發行人　王榮文
出版發行　遠流出版事業股份有限公司
地址　臺北市中山北路1段11號13樓
客服電話　02-2571-0297
傳真　02-2571-0197
郵撥　0189456-1
著作權顧問　蕭雄淋律師
法律顧問　董安丹律師

2013年12月1日　初版一刷
行政院新聞局局版台業字號第1295號
定價　新台幣250元（如有缺頁或破損，請寄回更換）

ISBN 978-957-32-7316-5
遠流博識網 http://www.ylib.com E-mail: ylib@ylib.com

預行編目

每一天，都是全新的時刻：用創造預想畫面探索內在的自己，得到生命中所真心渴望的／夏克蒂．高文(Shakti Gawain)著；陳韋儒譯．-- 初版．-- 臺北市：遠流，2013.12
面；　公分
譯自：Creative visualization : use the power of your imagination to create what you want in your life,[Rev. ed.]
ISBN 978-957-32-7316-5(平裝)

1. 創造心理學 2. 自我實現

176.4　　102023319